Er hat Schulden gemacht, mit ungedeckten Wechseln bezahlt, am Ende sogar den Familienschmuck versetzt: Dieser Sohn war nicht mehr tragbar. Erik Pringsheim, der älteste Spross von Alfred und Hedwig Pringsheim, wurde vom Vater 1905 nach Argentinien verbannt. Doch seine Mutter ließ das Schicksal des Lieblingssohnes nicht ruhen. Zwei Jahre später reiste sie zu ihm – und erlebte eine für sie neue, fremde Welt. Sie lernte Buenos Aires kennen, fuhr zusammen mit Erik über die Anden nach Chile und besuchte deutsche Auswanderer im Landesinneren von Argentinien.

Inge und Walter Jens erzählen die spannende Geschichte dieser ungewöhnlichen Reise. Sie folgen akribisch den Spuren von Thomas Manns Schwiegermutter – und denen ihres Sohnes Erik, der schließlich im Jahre 1909 unter mysteriösen Umständen zu Tode kam.

Hedwig Pringsheim hielt ihre Erlebnisse und Erfahrungen in einem Reisetagebuch fest, das im zweiten Teil des vorliegenden Buches erstmals vollständig veröffentlicht wird.

Inge und Walter
Jens

*Auf der Suche
nach dem
verlorenen Sohn*

Die Südamerika-Reise
der Hedwig Pringsheim 1907/08

Erweiterte Ausgabe
mit neuen Dokumenten

Rowohlt Taschenbuch Verlag

Ungekürzte Ausgabe
Veröffentlicht im Rowohlt Taschenbuch Verlag,
Reinbek bei Hamburg, Oktober 2009
Copyright © 2006 by Rowohlt Verlag GmbH,
Reinbek bei Hamburg
Lektorat Uwe Naumann
Umschlaggestaltung any.way. Barbara Hanke/
Cordula Schmidt (Abbildung: Corbis)
Satz Palatino PostScript, InDesign,
bei Pinkuin Satz und Datentechnik, Berlin
Druck und Bindung Druckerei C. H. Beck, Nördlingen
Printed in Germany
ISBN 978 3 499 33275 3

Inhalt

Anhang

Hedwig Pringsheim
und ihr verlorener Sohn

Eine Spurensuche

Er hat Schulden gemacht, mit ungedeckten Wechseln bezahlt, am Ende sogar den Familienschmuck versetzt: Dieser Sohn war nicht mehr tragbar. Seine Eltern, der Mathematik-Ordinarius Alfred Pringsheim und Frau Hedwig, Tochter der Berliner Frauenrechtlerin Hedwig Dohm und des *Kladderadatsch*-Redakteurs Ernst Dohm, zählten zu den ersten Adressen der Münchener Gesellschaft; Thomas Mann hatte wenige Monate vor Beginn unserer Geschichte die einzige Tochter des Hauses, Katia, geheiratet. In einen solchen Clan passte kein Bankrotteur. Den Verfall einer Familie – bitt schön nicht in den eigenen Reihen! Erik, der Erstgeborene, musste fort. Folglich wurde «Onkel Erik», wie die Mann-Kinder den Bruder ihrer Mutter in ihren Erinnerungen nennen, «von seinem Vater nach Argentinien verbannt». Dreieinhalb Jahre später, im Januar 1909, wird er dort unter mysteriösen Umständen sterben – und nach seinem Tod wie ein düsterer Geist im Pringsheim-Palais in der Arcisstraße weiterwohnen.

«Dieser Tote, den ich im Leben nie gesehen hatte», schreibt der Neffe Golo, «gehörte für mich zu den langen, düsteren Korridoren, den knarrenden Dielen des Pringsheimschen Hauses.» Überall Erik. Der kleine Golo traut sich, wenn die Dämmerung einbricht, beim allsonntäglichen Besuch der Großeltern kaum mehr ins obere Stockwerk mit den «längst unbewohnbaren Zimmern, schweren samtenen Portieren, dunkeln Winkeln und Stufen – denn dort mochte der Onkel Erik auf mich lauern». Und nicht nur er hatte Angst, daran wird sich Golo Mann noch mit bald 80 Jahren erinnern. «Auch scheint es, dass meiner Großmutter diese Furcht so fremd nicht war, weil sie dem Sohn gegenüber kein schuldenfreies Gewissen hatte.»

Hedwig Pringsheim hatte sich dem Entschluss ihres Mannes, den Sohn in die Pampa zu verbannen, nicht widersetzt. Zwei Jahre später unternahm sie eine Reise um die halbe Welt, um Erik in der Fremde beizustehen und ihm zu helfen, sich ein neues Leben zu schaffen. Doch am Ende waren alle Anstrengungen umsonst.

Am 12. November 1907 war sie nach Lissabon gefahren – wieder, wie zwei Jahre zuvor, mit Zwischenaufenthalt in Paris, und hatte am 17. den Postdampfer *Cap Arcona* nach Buenos Aires bestiegen. Drei Monate lang, von Anfang Dezember 1907 bis zum Februar des darauffolgenden Jahres, reisten Mutter und Sohn durch Argentinien, in der Hoffnung, eine passende Estancia für Erik zu finden. Während dieser Zeit führte Hedwig Pringsheim ein Tagebuch, das hier zum ersten Mal publiziert wird.

In diesen Aufzeichnungen erzählt die Chronistin höchst anschaulich und gescheit von Land und Leuten, beschreibt eine abenteuerliche Andenüberquerung und berichtet, nicht zuletzt, von ihrer Fahrt als Erste-Klasse-Passagierin auf einem der modernsten Überseeschiffe der Zeit. Die Schilderungen haben bis heute nichts von jenem Reiz verloren, den sie vor rund hundert Jahren auf Thomas Mann ausübten. Der Romancier war damals gerade mit einem neuen Buch beschäftigt: der Geschichte des wohl bekanntesten Hochstaplers der Weltliteratur, Felix Krull, den seine Profession in die Zentren aller Kontinente treiben sollte. Da boten sich die präzisen und einfühlsamen Beschreibungen der Schwiegermutter für eine Zwischenstation in Argentinien geradezu an.

Thomas Mann erbat sich – ob sofort oder erst, als er 1910 mit der ernsthaften Konzeption des *Krull* begann, bleibt ungewiss – das Büchlein, das schon äußerlich gut in Felix' Ambiente passte: ein poesiealbenähnlicher, in festem Umschlag gebundener Kalender «Werk- und Tagebuch für allerlei gebildetes Volk», grau-blau getönt und mit Jugendstilemblemen versehen. Jedes Blatt war oben mit einem poetischen Text von Brockes, Hoffmann von Fallersleben oder Rückert, gelegentlich auch von unbekannten Autoren versehen. Am 12. Januar war Emanuel Geibel an der Reihe: «Schlägt die Zeit dir manche Wunde, / Manche Freude bringt ihr Lauf; / Aber eine sel'ge Stunde / wiegt ein Jahr von Schmerzen auf.»

Die Schreiberin ließ jedoch Motto und Datumszeile durchgehend unbeachtet, sodass man den Eindruck gewinnt, sie habe bei ihrer Suche nach einem für Reisenotizen geeigneten Heft auf ein zufällig wiedergefundenes, für ihren Zweck brauchbares Gelegenheitsgeschenk zurückgegriffen. Dennoch darf man annehmen, dass die ehemalige Schauspielerin und leidenschaftliche Rezitatorin die Verse, die offenbar als eine Art Lebenshilfe von Tag zu Tag gedacht waren, aufmerksam zur Kenntnis nahm, ehe sie mit der Niederschrift ihrer eigenen Eindrücke und Erlebnisse begann, die den Schwiegersohn später so intensiv beschäftigten.

Thomas Manns handschriftliche Exzerpte sind erhalten und ermöglichen interessante Vergleiche. In der Endfassung des Romans ist allerdings nur eine einzige Episode nachzulesen. Sie stützt sich bis in die Formulierungen hinein auf Hedwig Pringsheims unter dem 5. Januar 1908 beschriebenen Besuch bei der Familie des Schweizer Konsuls Meyer. Mit Hilfe eines ausgeklügelten Reiseplans, den der Autor seinen Professor Kuckuck während eines Nachtessens in Lissabon für Felix entwickeln lässt, gelingt es, die Tagebuch-Schilderung des Besuchs im Meyer'schen Stadthaus zu Bahía Blanca und auf der bei Tornquist gelegenen Farm «El Retiro» nahezu wörtlich in den Roman zu integrieren.

Doch Auskunft darüber, warum Hedwig Pringsheim, die zum Zeitpunkt ihrer Reise immerhin zweifache Großmutter war, diese fast dreiwöchige und trotz eines modernen Luxusdampfers anstrengende Exkursion überhaupt unternahm, geben Thomas Manns Exzerpte nicht. Alles Persönliche, das die eigentliche Geschichte des Reisejournals ausmacht, ist fortgelassen. Warum?

Es ist gut vorstellbar, dass die konsequente Reduzierung auf das Unverfänglich-Allgemeine die Bedingung war, unter der die Schwiegermutter dem Romancier überhaupt gestattete, ihre Aufzeichnungen zu verwerten. Die «Affaire Wälsungenblut» lag immerhin erst wenige Jahre zurück: jene große Aufregung um die im Milieu der Arcis- und der Berliner Tiergartenstraße (in der die Verwandtschaft von Hedwig Pringsheim wohnte) spielende Inzestgeschichte *Wälsungenblut*, deren Hauptakteure den Zwillingen des Hauses, Katia und Klaus, in vielem zum Verwechseln ähnlich sahen. Thomas Mann dürfte sich gehütet haben, einen neuen Eklat zu provozieren.

Und der Skandal wäre unvermeidlich gewesen, wenn der Poet auf die ganze Geschichte der schwiegermütterlichen Reise zurückgegriffen hätte, die eben nicht nur Land und Leuten Argentiniens, sondern in erster Linie dem verstoßenen Sohn gegolten hatte.

«Niederschmetternde Enthüllungen»

Erik war das älteste der fünf Pringsheim-Kinder und, als Erstgeborener, der besondere Liebling der Mutter gewesen, die in ihrem «Kinderbüchlein» voll Stolz die kognitiven und emotionalen Fortschritte des Kleinen beschreibt, an denen die Entwicklung der beiden späteren Buben, Peter und Heinz, gemessen wird. Erst die Geburt der Zwillinge Katharina Hedwig und Klaus bringt diese Hierarchie etwas ins Wanken. Zumindest das einzige Mädchen darf innerhalb der Familie eine dem Ältesten vergleichbare Rolle beanspruchen. Für das oft behauptete besonders enge Verhältnis der Schwester zu dem großen Bruder allerdings gibt es nur indirekte Zeugnisse – die Tatsache, dass Katia Mann ihre wenige Monate nach Eriks Verbannung geborene Tochter «Erika» nannte, mag – neben einer starken Mutterbindung – auch auf die Liebe zu dem entfernten Bruder verweisen.

Wie alle Pringsheim-Söhne hatte auch Erik das renommierte Münchener Wilhelmsgymnasium offenbar ohne große Schwierigkeiten oder besondere Auffälligkeiten absolviert. Fotos der

Zeit zeigen ihn in den damals für Kinderbilder üblichen Kostümierungen, am liebsten als Reiter; Thomas Mann berichtet von Konzertveranstaltungen im Kainssaal, zu denen die angebetete Katia stets im Kreis ihrer vier Brüder erschienen sei. Chronisten beschreiben den Erstgeborenen als einen lebenslustigen, etwas leichtsinnigen und unberechenbaren jungen Mann.

Aus Hedwig Pringsheims Notizbüchern (jenen täglichen Aufzeichnungen, die sie – stichwortartig – ein Leben lang in kleine Kalender niederschrieb und auch während ihrer Zeit in Argentinien neben den anspruchsvolleren Berichten des Reisejournals weiterführte) geht hervor, dass Erik ein begeisterter Reiter war, der nur das eine Ziel hatte: Offizier zu werden. Warum er sich diesen Wunsch nicht erfüllen konnte, bleibt im Dunkeln. Die gängige Behauptung, ihm sei diese Laufbahn wegen seiner jüdischen Abstammung verwehrt gewesen, klingt angesichts der Bemerkung «Reserveleutnant – Eriks nie erreichtes Ziel», die die Mutter anlässlich der Ernennung von Sohn Heinz zum Offizier notierte, wenig überzeugend. Eher ist anzunehmen, dass das «Abwinken» eines vom

Vater befragten Regimentskommandeurs, der gelegentlich in Erzählungen über die erweiterte Mann-Familie auftaucht, mit dem Lebenswandel des Jungen, seiner Neigung zum Schuldenmachen oder seinem Umgang mit Frauen zusammenhing.

Die sehr spärlichen Dokumente aus diesen Jahren lassen vermuten, dass Eriks Leben nach dem Abitur, als Student in England, München und Erlangen, während seines Referendariats und, vor allem, während der Militärzeit nicht problemlos verlaufen ist. Er hatte sich für die Jurisprudenz entschieden, war von 1897 bis 1899 Fellow des berühmten Balliol College in Oxford und anschließend in München inskribiert gewesen. Aus dieser Zeit existiert eine Disziplinar-Akte, deren Inhalt in unserem Zusammenhang weniger interessant ist als die Tatsache, dass die Darstellung des inkriminierten Vorgangs den Betroffenen als einen außerordentlich empfindlichen, aufbrausenden und zu unangemessenen Reaktionen neigenden jungen Mann zeigt, der im Affekt auch vor Tätlichkeiten nicht zurückschreckte. Dennoch steht zweifelsfrei fest, dass Erik Pringsheim im Juli 1902 in Erlangen das erste Staatsexamen mit der Note «bestanden» abgelegt hat – eine Prozedur, die angesichts des Inskriptionsdatums «5. Mai 1902» wiederum nicht der Merkwürdigkeit entbehrt, offensichtlich aber möglich war, denn am 15. Mai erhielt der Student unbeanstandet sein «Abgangszeugnis zur Prüfung». Ob der recht plötzliche Wechsel des Studienortes mit dem Disziplinareintrag in München zusammenhängt, ist nicht mehr zu klären.

Immer öfter aber ist in den Aufzeichnungen der Mutter von Realitätsverlust, menschlichem Versagen, sich steigernden Schulden und einer fast pathologischen Pferdebesessenheit die Rede. Dazu «brach» Erik recht plötzlich mit seiner langjährigen Freundin Emma Schlier. Vorhaltungen und Appelle der Eltern an die Noblesse des Ältesten zeigten offenbar keinerlei Wirkung; es blieb der Mutter überlassen, das gekränkte Mädchen zu trösten – das, als erwachsene Frau, diese Hilfe zurückgeben sollte. Der Name Emma Schlier findet sich regelmäßig in Hedwig Pringsheims Notizbüchern aus der Zeit des Nationalsozialismus: Sie gehörte zu den treuesten Besucherinnen des alten, wegen seines Judentums verfemten Ehepaares.

Ob für Eriks Verhalten wirklich allein die

gescheiterte Offizierskarriere verantwortlich war? Hedwig Pringsheim erwähnt im Januar 1905 eine Unterredung mit ihrem Ältesten, die «in bitteren Tränen über seinen verfehlten (Officiers)Beruf» geendet habe. Aber gehörte der Junge deshalb wirklich zu jenen «verlorenen Kindern», die ihre verzweifelte Suche nach Anerkennung nur noch in sogenannter «schlechter Gesellschaft» zu kompensieren vermochten? Sie konnte und wollte es nicht glauben. Doch wenige Tage später kamen «neue Geldschweinereien» ans Licht.

Nachdem die Eltern den Sohn in einer «schrecklich aufregenden Scene» – offenbar erfolglos – zur Rede gestellt hatten, fand ihn die Mutter in seinem Zimmer: «Papiere verbrennend und den Revolver neben sich». Erst nach langen Verhandlungen gelang es, Erik zur Raison zu bringen. – Dafür ließ der Junge dann wissen, er habe sich entschlossen, «in den Krieg nach Süd-West-Afrika» zu gehen – ein Vorhaben, das aber offensichtlich durch familiäre Faschingspläne («Maskenfahrt in Eriks dog-cart – nettes Gefährt von Pierrots, weiß und rot. Ich in Eriks Reitkostüm und scheußlicher Maske») sowie das Zureiten neuer Pferde und eine erfolgreiche Teilnahme am traditionsreichen Reiterfest in den Hintergrund gedrängt wurde. Immer wieder suchte der älteste Pringsheim-Sohn nach einer Gelegenheit, sich in Anwesenheit der «crême de la crême», möglichst noch in Gegenwart bayerischer Prinzen, zu «produciren».

Doch schon Ende Mai häuften sich wieder die peinlichen Szenen. Katia übergab ihrer Mutter einen Brief des als Sozius von Carl Fürstenberg in der Chefetage der Berliner Handelsbank residierenden Schwagers Hermann Rosenberg mit «neuen, schrecklichen, völlig niederschmetternden Enthüllungen über Erik». Vermutlich waren es Nachrichten vom Eingang ungedeckter Schecks über sehr hohe Summen, die dem Berliner Institut präsentiert worden waren und deren Zurückweisung unweigerlich strafrechtliche Konsequenzen – sprich die Arretierung des Delinquenten – zur Folge gehabt hätte.

Hedwig Pringsheim, nach ihren eigenen Worten «elend und gänzlich vernichtet», blieb jedoch Herrin der alarmierenden Situation. Ehe sie ihren Mann in die neue Katastrophe einweihte, holte sie sich Rat bei einem der Familie freundschaftlich verbundenen Nachbarn, dem Rechtsanwalt und Starjuristen Max Bernstein. Während Alfred seine Frau in der Franz-Joseph-Straße zu einem ihrer häufigen Besuche bei Tochter Katia glaubte, ließ sie sich vom Zwilling Klaus zum Bahnhof begleiten, um den heimkehrenden Bernstein abzufangen.

Von nun an spielte sich das Drama auf zwei Ebenen ab. Die finanziellen Dinge zu regeln und die Modalitäten in dieser Angelegenheit auszuhandeln, überließ sie Schwager Rosenberg, dem Mann ihrer Schwester Else, und, so steht zu vermuten, ihrem alten Freund Carl Fürstenberg. Der Bankier – während der 1860er Jahre regelmäßiger Gast beim Jour fixe in ihrem Berliner Elternhaus – hatte jede Gelegenheit genutzt, um der vom aufgeweckten Backfisch zu einer von ihm bewunderten Frau herangewachsenen Dohm-Tochter mit einem Strauß weißer Orchideen seine Wertschätzung zu bekunden. Die Financiers würden tun, was immer in ihrer Macht stand und, vor allem, versuchen, Zeit zu gewinnen. Die Mutter kümmerte sich derweil um die juristische Seite der Angelegenheit. Der Sohn im Schuldturm: So weit durfte es nicht kommen!

Das Notizbuch von Hedwig Pringsheim verzeichnet am 30. Mai 1905 eine «herzbrechende Scene» im Garten des Arcisstraßen-Palais, an deren Ende der Sohn abermals versprach, nicht zur Waffe zu greifen – ein Drama, das den Delinquenten offenbar bei weitem nicht so mitnahm wie seine Mutter, die bereits am nächsten Tag notierte, sie habe um 2 Uhr mit Erik zu einem Pferderennen fahren müssen, «das unter anderen Umständen sehr hübsch gewesen wäre», da der Junge sich «bei seinem Debüt sehr bewährt» und «den ersten Preis davongetragen» habe. Dennoch sei das Ereignis für sie «überaus schmerzlich» und deprimierend gewesen, denn der Sohn habe sich, «hoch beglückt», so, als wäre nichts vorgefallen, durch die «Gratulationen der anwesenden Prominenz» ausführlich feiern lassen.

Nun, es sollte noch schlimmer kommen. Am Tag nach dem Rennen reiste Hermann Rosenberg persönlich nach München, um nun auch den Schwager in das ganze Ausmaß der Katastrophe einzuweihen und sich wegen der unweigerlichen Konsequenzen mit den vor Ort zuständigen Rechtsanwälten zu beraten. Das Ergebnis: Der Junge muss unverzüglich fort! Hedwig Pringsheim notiert am 2. Juni: «Erik mitgeteilt, dass er noch heute das Haus zu verlassen hat!»

Dann am Abend die unerwartete Wende: Alfred Pringsheim, der sich bis dahin zurückgehalten und den man erst spät unterrichtet hatte, handelte in einer Weise, die zu diesem Zeitpunkt wohl keiner der Beteiligten mehr für möglich gehalten hatte. Nach einer letzten Konferenz mit Rechtsanwälten und Bankiers teilte er mit, dass er Erik nochmals «rangiren» wolle, allerdings unter der Bedingung, dass der Junge mindestens ein Jahr lang «ins Ausland» ginge. «Hauptsächlich hat ihn wol Rücksicht auf mich bestimmt, noch einmal 50 000 M zu zalen», notierte Hedwig dankbar und erleichtert.

Aber auch ihr war klar: Der Junge konnte nicht bleiben. «Sein Leichtsinn im Schuldenmachen, die Form, in der er es betrieb, seine ganze Existenz hat die Grenze des Möglichen überschritten, und er muss fort», schrieb sie wenig später an ihren Freund Maximilian Harden, dem gegenüber sie noch einmal die rücksichtsvolle Generosität ihres Mannes betonte: «Alfred hat sich außerordentlich schön und großmütig benommen.» Die noble Geste kam offenbar für alle überraschend: «Hermann [Rosenberg] war starr. Hätte das nicht für möglich gehalten», steht im Notizbuch – ein Vermerk, dem wenig später das befremdende Fazit folgt: «Erik aß zum erstenmal wieder mit uns zunacht. Allgemeines Aufatmen.»

Doch scheint es, als habe die Erleichterung nicht lange angehalten. Während Eltern und Freunde unablässig berieten, wo in der Welt es den für Erik am besten geeigneten Verbannungsort gäbe, ritt der Junge bereits sein nächstes Rennen und verkaufte, da er erfolglos blieb, anschließend sein Pferd «um 3000 Mark». Ob Shanghai oder Johannesburg: die Diskussion um seinen künftigen Wohnort interessierte ihn offensichtlich so wenig wie die Tatsache, dass sich die Eltern, dem Rat der Berliner Bankiers, überseeerfahrener Industriemagnaten und Großkaufleute wie Emil Rathenau, Carl Fürstenberg oder Hermann Rosenberg folgend, schließlich für Argentinien entschieden.

Die Verbannung

In der Tat galt Argentinien zu Beginn des 20. Jahrhunderts als eines der fortschrittlichsten und wohlhabendsten Länder des südamerikanischen Subkontinents: ein Staat mit rapide wachsender Außenhandelsbilanz und einem Pro-Kopf-Einkommen, das – folgt man den Berechnungen des Handbuchs «Argentinien als Ziel für germanische Auswanderung» aus dem Jahre 1906 – bedeutend über dem der Vereinigten Staaten von Nordamerika oder irgendeines der «führenden europäischen Länder» lag.

Buenos Aires schickte sich an, eine Großstadt europäischen Zuschnitts zu werden. Die «Deutsch-Überseeische Elektrizitätsgesellschaft», um die Jahrhundertwende in Berlin gegründet, hatte für eine moderne Straßenbeleuchtung und – gemeinsam mit einem englischen Unternehmen – für ein mustergültiges Straßenbahnsystem gesorgt. Die Schiffe der Hamburg-Südamerikanischen Dampfschifffahrts-Gesellschaft und der HAPAG verkehrten seit den 1870er Jahren regelmäßig zwischen Hamburg und der argentinischen Hauptstadt, in der sie eigene Agenturen unterhielten.

Um die gleiche Zeit gründeten die Berliner Diskontogesellschaft und das Kölner Bankhaus Salomon Oppenheimer gemeinsam mit einer belgischen und einer österreichischen Institution die «Deutsch-Belgische La-Plata-Bank», die bald zu den führenden Geldhäusern des

Landes gehörte. Große europäische Handels-
häuser etablierten eigene Niederlassungen, oft
in Kooperation mit einheimischen Unternehmen. In der Phalanx der diplomatischen Vertreter aller maßgeblichen Staaten Europas resi-
dierte auch ein deutscher Botschafter in Buenos
Aires, und deutsche Konsulate vertraten die In-
teressen ihres Landes in aufstrebenden Küsten-
städten wie Bahía Blanca oder Puerto Gallegos
und wichtigen Zentren im Landesinneren wie
Rosario, Mendoza oder Córdoba. Die seit der
Mitte des 19. Jahrhunderts ständig wachsende
Einwanderung deutscher Siedler, Handwerker,
Techniker und kleinerer Gewerbetreibender
hatte in einigen Regionen den Aufbau einer eigenen Infrastruktur gefördert.

Um 1900 gab es in Argentinien ungefähr ein-
hundert deutsche Schulen, darunter – wenn
auch vorwiegend auf Buenos Aires konzen-
triert – Gymnasien und sonstige weiterführende Lehranstalten. In der Hauptstadt existierten
zu Beginn des 20. Jahrhunderts ein deutscher
Turnverein, ein Gesangverein, ein Reiterclub
und, seit 1880, sogar ein deutsches Hospital.
Deutsche Gelehrte trugen zum internationalen
Renommee argentinischer Universitäten bei.

Das gesellschaftliche Leben in Buenos Aires war, kein Zweifel, europäisch geprägt. Die Einrichtungen der Wohnungen von gutsituierten Neubürgern unterschieden sich in nichts von der Ausstattung der Villen im Grunewald oder in München. Zudem existierte seit mehr als einem Vierteljahrhundert – wenn auch in Schweizer Herausgeberschaft – eine deutschsprachige Zeitung, das *Argentinische Tageblatt*, das bis heute in einer wöchentlichen Ausgabe erscheint. Schließlich waren Grund und Boden – noch zu Beginn des 20. Jahrhunderts – billig zu erwerben, wenngleich die Preise für die Areale in der Provinz Buenos Aires seit der Konsolidierung der politischen Verhältnisse nach dem Börsenkrach von 1890 um ein Vielfaches angestiegen waren.

Kein Wunder, dass sich Alfred Pringsheim unter diesen Voraussetzungen für Argentinien entschied. Auch Erik stimmte dem Plan ohne erkennbare Einwände zu. Er interessierte sich nur für Rennpferde. Für seine Leidenschaft schreckte er nicht einmal vor fragwürdigen Transaktionen mit Schmuckstücken von zweifelhafter Herkunft zurück. Den Erlös gab er später der Mutter gegenüber als Geschenk der Berliner

Großmutter aus. Als Hedwig Pringsheim die wahren Zusammenhänge erkannte, trug sie die Preziosen zum Juwelier, um sich Gewissheit über Wert und mögliche Eigentümer zu verschaffen und die Ansprüche von Wucherern zurückzuweisen, die ihren Sohn verfolgten.

Erfahrungen dieser Art bestärkten sie in ihren traurigen Erkenntnissen über den Zustand ihres Ältesten. Sie hatte keinen Zweifel mehr: Der Sohn kompensierte nicht nur Misserfolge, er war, schlimmer, «partiell unzurechnungsfähig». «Bei Erik handelt es sich nicht um nur gewöhnlichen Leichtsinn und verschwenderischen Lebenswandel eines jungen Mannes aus sogenannt reichem Haus. Das liegt bei ihm viel tiefer», schrieb sie an ihren Freund Harden. «Seine ganze Art ist nicht die eines Verbrechers, sondern eines partiell – nur partiell – Irrsinnigen, und er gehört vor den Psychiater. Bei dem ich übrigens auch war.»

Gleichzeitig mit dem Schreiben an Harden hatte sich Hedwig Pringsheim bei Emil Kraepelin angemeldet, der in Deutschland zu den bedeutendsten Vertretern seines Faches gehörte. Sie hat ihn zunächst allein aufgesucht. Das Ergebnis der Unterredung war offenbar niederschmetternd. Der Arzt erkannte in den Darstellungen der Mutter eine unheilbare, «leider häufig vorkommende Form ‹psychopathischer Minderwertigkeit›».

Die Exploration des Sohnes am Tag darauf bestätigte diese Diagnose. Das Notizbuch jedenfalls vermerkt: «Nachtisch zu Kräpelin, der den Eindruck Eriks als ‹pathologische Persönlichkeit› durchaus bestätigt fand». Dem Patienten allerdings machte der Professor einen eher «quatschen» Eindruck, eine Reaktion, die bei der Mutter die traurige Einsicht verstärkte, dass ihr Junge sich der Situation immer mehr verschloss, denn ein «Quatsch» war ein breitmäuliger Schwätzer und, zumal im Bayerischen, eine Person, die beim Gehen wie eine Ente watschelte.

Kein Zweifel: Den Ernst der Lage dürfte der junge Mann bis zuletzt nicht realisiert haben. Er sah nicht ein, warum ihm die Eltern verwehrten, sich in Stuttgart erneut als Rennreiter zu profilieren: «Ich habe doch schließlich erreicht, was ich wollte.» Hedwig Pringsheim war so empört, dass sie den Satz ihres Sohnes am 10. Juni 1905 wortwörtlich in das Notizbuch eintrug.

Für die Eltern gab es kein Zurück. Erik hatte sich durch seine auch moralisch anstößigen Eskapaden aus jener großbürgerlichen Gesellschaft hinauskatapultiert, der er durch Geburt und Familie angehörte und deren Normen er zu befolgen hatte, wenn er akzeptiert sein wollte. Dieses niemals fixierte, aber innerhalb der tonangebenden sozialen Schicht absolute Gesetz galt auch in München, selbst wenn dort manche Vorschriften und Regeln ein wenig großzügiger gehandhabt wurden als anderswo. Doch auch hier gab es einen Punkt, wo – um der Erhaltung des Grundkonsenses willen – sogar eine angesehene und hochverdiente Familie wie die Pringsheims einen uneinsichtigen Tunichtgut verstoßen musste, wenn sie sich nicht selbst aus der Gesellschaft ausschließen wollte.

Dieses ungeschriebene Gesetz hat seinen Ursprung vermutlich in den vorwiegend nach Übersee orientierten Handelszentren. Dort war es von jeher Brauch gewesen, die herangewachsenen Söhne – vor allem die ältesten, die einmal die Firma weiterführen sollten – zu Geschäftsfreunden ins Ausland und in ein möglichst fremdes Milieu zu schicken. In der Ferne sollten sie sich umtun, den Wind um die Nase wehen lassen und – nach Möglichkeit – neue absatzfördernde Verbindungen knüpfen. Im Laufe der Zeit hatte sich dieser Brauch verselbständigt und galt in gewissen Schichten des gehobenen – keineswegs nur deutschen – Bürgertums als letzte Möglichkeit, sich standesgemäß, das heißt mittels einer gesellschaftlich akzeptierten Methode, etwaiger schwarzer Schafe zu entledigen.

Ob der Sohn Schulden gemacht oder ein zum Hause gehörendes Dienstmädchen geschwängert hatte, ob er als ‹Verschwender›, ‹Faulpelz› oder ‹Bruder Leichtfuß› galt, großmäulig, geltungssüchtig oder dem Alkohol verfallen, ob er Umgang mit zweifelhaften Frauen pflegte oder sich gar mit einer Geschlechtskrankheit infiziert hatte, spielte im Grunde keine Rolle. Die Art der Defizite war uninteressant. Was zählte, war die Rehabilitation der zurückgebliebenen Familie, die der Delinquent andernfalls «unmöglich» gemacht hätte.

Über die moralische Rechtmäßigkeit solcher Maßnahme bestand innerhalb der Gesellschaft Einigkeit: Das einzige Mittel, den Sohn zu retten, war, ihn in eine Umgebung zu versetzen, die «ihn zurechtstoßen» würde. Um das zu erreichen, gab es zwei Möglichkeiten. Die erste war, den von Hause aus verwöhnten Delinquenten «in die Selbständigkeit zu zwingen» oder – der zweite Weg – ihn «unter strenge Aufsicht» zu stellen. Voraussetzung für beide Methoden: die Geldquellen abzuschneiden oder drastisch zu minimieren, um den Verschwender «auf seine Knochen und seiner Hände Arbeit» zu verweisen.

Dabei gingen derartig rigorose Maßnahmen durchaus nicht immer mit einem endgültigen Bruch zwischen der Familie und dem Verstoßenen einher. Die Verbannung geschah im Allgemeinen nicht im Affekt, sondern aus der kühlen Erkenntnis eigener Gefährdung heraus: Nicht «zürnen» wolle er dem verstoßenen Sohn, schrieb ein schwäbischer Unternehmer einem Freund, aber: «wir müssen uns gegen ihn verteidigen».

Trotz gnadenloser ‹Strafversetzung› blieb dem Missetäter die Chance, sich ‹drüben› zu bewähren und als ‹Gebesserter› oder sogar als ‹gemachter Mann› wieder heimzukehren. Auch Hedwig Pringsheim hoffte, wohl wider besseres Wissen, zunächst auf die Rückkehr eines geläuterten Sohns. Immerhin hatte der Vater, dank seiner gesellschaftlichen Beziehungen, erreicht, dass dem Jungen drei Jahre lang eine Staatsstelle offengehalten wurde.

Doch im Sommer 1905 galt es erst einmal, Eriks Überseekoffer zu packen und eine Agentur mit der Spedition zum Schiff zu beauftragen. Auch war gleich nach der Entscheidung für Argentinien ein Spanischlehrer engagiert worden, der sich bis zur Abreise bemühen musste, Erik die Grundvoraussetzungen für einen Neuanfang in der fremden Welt zu vermitteln.

Die Mutter hatte beschlossen, den Sohn nach La Rochelle zu begleiten, wo er im Hafen von La Pallice die unter französischer Flagge fahrende *Oravia* nach La Plata, dem Hafen von Buenos Aires, besteigen sollte. Sie unterbrach die Reise in Berlin, um den Sohn einem Geschäftsmann namens Staudt, Teilhaber einer auch in Buenos Aires präsenten Im- und Exportgesellschaft mit angeschlossenem Bankhaus, vorzustellen und nach Möglichkeit eine Empfehlung für den Jungen an argentinische Handelsfreunde zu bekommen. Ermutigend scheint dieser Besuch nicht ausgefallen zu sein. Wilhelm Staudt, der Seniorchef, erwies sich als ein «energisch-rücksichtsloser, hellsichtiger self-made-man, der Erik tief verletzte und nichts aus ihm herausbrachte». Dennoch war er bereit, den Jungen, «wenn auch ohne Glauben an ihn», zu protegieren.

Dann ging es weiter nach Paris. Hedwig Pringsheim und ihr Ältester frühstückten im Royal, spazierten bei strahlendem Wetter die Champs-Élysées entlang, dinierten bei Ledoyen und besuchten anschließend noch eine Vorstellung im Varieté Ambassadeur. Am Abend des folgenden Tages dann die Reise nach La Pallice, wo die *Oravia* schon am Kai lag. Zwei Stunden noch blieben Mutter und Sohn bis zum Abschied. Sie besichtigten Eriks Kajüte: ein Appartement in der ersten Klasse; Hedwig Pringsheim ordnete das Gepäck ihres Jungen. Die letzte halbe Stunde musterten die beiden das «Sonntagspublikum» am Hafen und sahen den Kindern zu, die Geld auffingen, das ihnen die Passagiere zuwarfen. Schließlich war es so weit: «Um 10 dampfte die *Oravia* mit meinem Erik ab.»

Als die Matrosen die Leinen eingeholt hatten und das Schiff vom Kai ablegte, überkam Hedwig Pringsheim nach zwei beinahe heiteren Tagen eine große Traurigkeit. In «glühendem Sonnenbrand» lief sie ihrem Jungen nach, «bis ans offene Meer», auf dem das Schiff «schon weit, weit voraus war». Sie sah ihm nach, bis es am Horizont verschwand. Dann ging sie weinend zurück. In La Rochelle noch einmal neun Stunden langen Wartens: «verbracht wie's eben gehen wollte».

Karneval in Buenos Aires

Zwei Tage später war sie wieder in München. Erneut galt es zu warten – von nun an Tag für Tag. Am 1. August um zwölf Uhr in der Nacht endlich das ersehnte Telegramm aus Buenos Aires: «Arrivé». Danach kurze, meistens bereits überholte Lebenszeichen, Grüße von den verschiedenen Stationen der Reise. Nach einem Monat schließlich «eine recht dürftige, ziemlich aussichtslose Nachricht aus Buenos Aires: mutlos und ohne Perspektive».

Aber Hedwig Pringsheim hatte sich entschlossen, jedenfalls nach außen ihr Leben weiterzuführen, als sei nichts geschehen. Sie absolvierte die alljährliche Sommerreise in die Schweiz, wo das andauernd schlechte Wetter ihrer Seelenlage entsprach: «Der Regen, der regnete fast jeden Tag», schrieb sie vom Rigi-Hotel an Maximilian Harden. Aber sie schrieb auch, dass es «nichts gewesen wäre» mit der Freude an der herrlichen Landschaft, wenn die Sonne geschienen hätte. Für sie gab es nichts «unbeschreiblich Schönes» oder «wunderbar» Beglückendes mehr: «Unfroh fließt mein Leben dahin. Es scheint, dass mir die Fähigkeit der Freude, ja der Möglichkeit des Interesses am Leben auf unbegreifliche Weise abhanden gekommen ist. Ich bin stumpfsinnig. Ich esse, schlafe, gehe spaziren, lese, besorge meine Wirtschaft; aber ich bin ein Automat, den all das, was er treibt, absolut nichts angeht. Ich glaube, es ist irgendwo in meinem Organismus eine Feder gesprungen, und nun bin ich kaput. Vielleicht kann ein geschickter Mechaniker den Schaden noch einmal repariren. Vielleicht aber ist dazu das Urwerk doch schon zu abgenutzt. Vedremo.»

«Man wird sehen» – für kurze Zeit sah es wirklich so aus, als hätte Erik in der Fremde neue Energien entwickelt. «Er ist auf einer ‹Estancia›, weit im inneren Land», hieß es Anfang Oktober, und wenig später erhielt die Mutter einen «20-seitenlangen» Brief des Sohnes, aus dem hervorging, dass der Junge auf einer Farm irgendwo in der Pampa nordwestlich von Buenos Aires eine Anstellung gefunden hatte: «Weit landeinwärts, am Busen der Unkultur. Den ganzen Tag zu Pferde, Revolver und Wasser im Gürtel, oft schmutzig, meist dreckig, putzt sein Zimmer, seine Stiefel, seine Pferde selbst, heißt ‹Don Enrique›, beleuchtet sich mit einem Talglicht, reitet 35 Km weit, um Brände zu löschen.»

Hedwig Pringsheim konnte aufatmen. Der Sohn hatte sich zwar geweigert, eine Kuh selbst zu töten oder ein gefallenes Rind zu häuten, aber insgesamt schien er nicht unzufrieden mit seinem neuen Leben, das, wie auch die Mutter befand, alles in allem «nicht uninteressant» war: «das Abenteuer in selbsteigener Gestalt», auf das zurückzublicken später einmal «herrlich» sein würde.

Sie hätte gern mehr und, vor allem, Genaueres erfahren. Nachrichten von – wenn auch überstandenen – Krankheiten oder gar Unglücksfällen irritierten sie; die riesige Entfernung, die sie von ihrem Jungen trennte, machte ihr Angst: «Wenns nur nicht so entsetzlich weit wäre». In der Tat vergingen oft mehr als zwei Monate, bis die Mutter Antwort auf eine Frage erhielt, und wenn sie nach vier Wochen von einem Ereignis erfuhr, so war es vielleicht längst überholt oder ins Gegenteil verkehrt.

Die Unruhe hatte, wie sich zeigen sollte, gute Gründe: Nur wenige Monate später war Erik wieder in Buenos Aires. Warum er die Farm verließ, auf der er sich immerhin so wohl gefühlt hatte, dass er zum Jahresausklang noch einmal dorthin zurückkehrte, bleibt unklar. Fest steht nur, dass er sich vom Februar 1906 an wieder in der Hauptstadt aufhielt. Von dort schickte er der Mutter eine Beschreibung des argentinischen Karnevals. Hedwig Pringsheim war entzückt und ruhte nicht, bis sie eine Zeitung gefunden hatte, die bereit war, den Text als Feuilleton abzudrucken.

Er ist das Dokument eines bizarren Heimwehs, einer Enttäuschung, die groß gewesen sein muss. Wie fremd Erik in Argentinien war, spürte er gerade jetzt, wo auf den Straßen der Frohsinn tobte: «Die Leute, die über die Verrohung des rheinischen und Münchner Karnevals und über den Niedergang des römischen Karnevals klagen, sollten einmal nach Buenos Aires kommen, um zu sehen, was sich an Roh-

heit einerseits, an Mangel an Humor und Gra-
zie andererseits leisten lässt.»

Die empörte Schilderung der hauptstädti-
schen Festivitäten ist die Äußerung eines ehemaligen Tunichtguts, der sich plötzlich mit
Recht und Ordnung identifiziert. Vorbei scheinen die Tage des leichtsinnigen Problemkindes.
Vom legendären südamerikanischen Karneval
bleiben in diesem dreispaltigen Feuilleton nur
Brutalität und Exzesse: «Natürlich wird sehr
viel gestochen und geschossen; der Polizei-
bericht allein meldet alltäglich von 150 bis 200
Fällen, und die Ambulanzen der Assistencia
publica sausen in diesen Tagen unaufhörlich
durch die Straßen.»

In den letzten Stunden der Ausgelassenheit
sei «die Woge der Begeisterung» noch einmal «auf das höchste gestiegen», sodass es in
Buenos Aires neben «den üblichen 180 Ver-
wundeten» auch noch – mitten im besten Viertel der Stadt – einen Überfall «von einer etwa
25 Mann starken, mit Revolvern und Messern
bewaffneten Bande» gegeben habe. Das Ergebnis: Entwendung sämtlicher auf dem Festzug
mitgetragener goldener Medaillen und drei
Schwerverwundete. In der Provinz sei es sogar

noch schlimmer zugegangen: In Rosario, einem Städtchen ca. 150 km nordwestlich der Hauptstadt, sei «eine bessere Dynamitbombe» in den Festzug geworfen worden, die 10 Menschen tötete, während in Montevideo ein «scherzhafter Herr» einen Wagen angezündet habe, von dessen Insassen bis jetzt «drei Damen an ihren Brandwunden» gestorben seien.

Nein, Erik Pringsheim ließ keinen Zweifel aufkommen, dass seine einladende Schlussfrage an die deutschen Leser als Warnung zu verstehen war: «Wer kommt zum nächsten Karneval nach Buenos Aires?»

Was wollte der Sohn der Mutter mitteilen? Entsprach die Schilderung den Tatsachen, oder war sie eher ein Zeugnis für die alte Sucht zu Aufschneiderei und Übertreibung? War es ein Hilferuf: «In welche Welt habt Ihr mich geschickt?» Oder sollte er zeigen, dass die Strafaktion Erfolg gehabt und der Junge sich den elterlichen Erwartungen angepasst hatte?

Wie auch immer, Hedwig Pringsheim war glücklich, dass es ihr gelungen war, ihrem Erik in einer vielgelesenen Zeitung, dem Berliner *Tag,* ein Forum zu schaffen. Es ist denkbar, dass sie sich die Ausgabe gleich mehrfach besorgte und den Artikel dem ein oder anderen der Briefe beilegte, die sie in den folgenden Tagen zugunsten ihres Sohnes schrieb. Offenbar mit Erfolg, denn Anfang Juni 1906 erhielt sie von der Agentur Staudt ein Kabel, dass Erik «ins Kamp» abgereist sei.

Mit dem «Kamp» war vermutlich die Estancia St. Elena gemeint, deren Besitzer, die englische Familie Griffin, Hedwig Pringsheim später bei ihrem Argentinien-Besuch in Buenos Aires treffen und als «Eriks frühere Herrschaft» bezeichnen sollte. Die Griffins hatten zu dem Zeitpunkt ihre Farm gerade verkauft und beabsichtigten, endgültig nach England zurückzukehren. Sie waren offenbar voll des Lobes über den jungen Pringsheim gewesen, den sie ihrem Nachfolger nachdrücklich als Majordomus – als verantwortlichen Verwalter also – empfohlen hatten.

Notizbuch-Vermerke aus dem Jahre 1906/1907 stützen die Vermutung, dass Erik sich auf St. Elena wohlgefühlt hat: Er schrieb häufiger, der Ton seiner Briefe erschien der Mutter freudiger und zuversichtlicher: «Ganz zufriedener Brief von Erik». Fast konnte man den Eindruck gewinnen, der Junge sei aus seiner Lethargie erwacht und habe begonnen, Pläne für eine Zukunft zu entwickeln, von denen er den Eltern berichtete.

Doch die zeigten sich – einstweilen jedenfalls – zurückhaltend: «Brief an Erik mit Antwort auf seine utopistischen Landkaufpläne». Dennoch scheinen sie genauere Auskünfte eingeholt und sich mit landeskundigen Beratern über Risiko und Chancen einer dauerhaften Niederlassung unterhalten zu haben. In diesem Zusammenhang fällt auch erstmalig der Name «Funke».

Rodolfo Funke sollte für die nahezu gleichaltrigen Pringsheims schnell zum wichtigsten Berater in Sachen Argentinien werden. Als junger Mann hatte er auf dem Gut eines Onkels die Landwirtschaft erlernt und anschließend ein Studium der Chemie und Technologie an der Technischen Hochschule in München absolviert, einer Stadt, deren musisch-künstlerisches Milieu ihn ebenso anzog wie die guten Möglichkeiten, sich seinem Lieblingssport, dem Bergsteigen, zu widmen. Die Kriege und politischen Streitigkeiten in den 60er und 70er Jahren des 19. Jahrhunderts, aber auch Tatendrang und das Bedürfnis, Neues zu wagen, bewogen den Dreißigjährigen, um 1880 nach Argentinien auszuwandern.

Dort war es ihm mit Hilfe einer Empfehlung an Ernesto Tornquist, einen der damals wichtigsten Bankiers des Landes, schnell gelungen, gute Beziehungen zu den tonangebenden Wirtschaftsmagnaten zu knüpfen. Funke kümmerte sich um die technische Entwicklung zukunftsträchtiger Industrien und stieg in erweiterungsfähige Handelsunternehmungen ein. Seine Verdienste um die Zuckerraffinerien in Tucumán und Salta sowie seine Arbeit für den Export von Häuten, Wolle und, vor allem, Gefrierfleisch machten ihn schnell zu einem reichen Mann.

Auch sein gesellschaftliches Ansehen war ständig gestiegen. Rodolfo Funke galt als Freund eines kultivierten und großzügigen Lebensstils und war für seine Gastfreundschaft bekannt. Darüber hinaus hatte er sich den Ruf eines Philanthropen und Wohltäters speziell der deutschen Einwanderer erworben. Er blieb unverheiratet und gründete 1916 mit seinem Vermögen eine noch heute in Argentinien existierende Stiftung, der neben der Unterstützung ärmerer Kolonisten auch die Unterhaltung eines multifunktionalen Kinos, des «Teatro Funke» in Tornquist – einem kleinen Städtchen etwa 60 km nördlich von Bahía Blanca –, obliegt.

Hier, im Vorland der Sierra de la Ventana, hatte Funke schon früh Land erworben und drei Farmen gegründet. Auf seiner Lieblings-Estancia «Rincón tres picos», zu Deutsch: «Eck mit den drei Gipfeln», hatte er sich um 1905 ein mit allen Errungenschaften der europäischen Zivilisation ausgestattetes Haus errichten lassen, das nach seinem Tod 1938 zum Erholungsheim für bedürftige Siedler ausgebaut wurde – ebenjenes Dorado, in dem Hedwig und Erik Pringsheim gemeinsam mit dem Hausherrn 1907 die Weihnachtstage verbringen sollten.

Kein Wunder also, dass Frau Pringsheim glücklich war, als sie einem Mann wie Funke begegnete. Merkwürdig, es sieht so aus, als hätten sie sich trotz der engen Beziehungen, die den gebürtigen Niedersachsen mit München verbanden, niemals vorher getroffen.

Dem Argentinienkenner gelang es offenbar schnell, Eriks Pläne zu prüfen. Zwar verwarf er die ersten Angebote, fand aber die Absicht des Jungen, eine eigene Farm zu erwerben, durchaus sinnvoll. Jedenfalls treten – soweit ersichtlich – die Landkauf-Bemühungen vom Frühjahr 1907 an in ein konkretes Stadium. Im Februar wird sogar der Erwerb von St. Elena, der Griffin-Farm, auf der Erik arbeitete, vonseiten der Eltern positiv diskutiert: «Antwort auf Eriks und Funkes Ankauf-Ideen, in freundlichem Sinne.» Auch scheint es, dass Erik wieder bereit war, den Eltern in Diarienform Rechenschaft über sein Tun und Lassen abzulegen. Ende April 1907 vermerkte Hedwig Pringsheim den Eingang von «Eriks Tagebuch 1906», das sie – im Gegensatz zu späteren Aufzeichnungen – ganz offensichtlich zufriedenstellte.

Der Junge hatte die Griffins nach Ende der Arbeitssaison verlassen und war seither im Land unterwegs, um eine geeignete und nicht astronomisch teure Farm zu finden. Die Bodenpreise waren seit 1905 um ein Vielfaches gestiegen, und die Frage nach Eriks Zukunft – Rückkehr oder Bleiben – war, jedenfalls in den Augen der Mutter, noch keineswegs entschieden. «Erik bereist augenblicklich behufs Ankaufs das Innere des Landes», schrieb sie im Juli 1907 an Maximilian Harden nach Berlin. Er reist «auf ziemlich abenteuerliche Art, zu Pferde, nachts auf dem Sattel unter Lama-Decken schlafend.

Aber Herr Funke sagt, das macht gar nichts, so habe er's auch getrieben.»

Bei allem Vertrauen in die Erfahrung von Rodolfo Funke begegnete die Mutter den Tätigkeiten ihres Ältesten aber nicht ohne Skepsis: Die Notizbucheinträge lassen erkennen, dass Hedwig Pringsheim jede Zeile des Jungen genau studierte und gelegentlich sogar Kopien aus Geschäftsbüchern anforderte. Sie reagierte prompt – lobend, aber, wenn nötig, auch tadelnd. «Brief an Erik (Vorhaltung wegen Etat-Überschreitung)», hieß es beispielsweise am 17. September 1907. Ob das der Grund war, eine anstehende Entscheidung über Kauf oder Nichtkauf noch einmal zu vertagen? Sicherlich nicht, denn Funke und auch Wilhelm Staudt, der Berliner Handelsmann und argentinische Bankier, den Mutter und Sohn vor Eriks Abreise aufgesucht hatten, rieten ab: «Besuch bei Funke mit Eriks Brief». «Beitisch Staudt, der uns darin bestärkte, Erik ablehnend zu telegraphiren, was mir weh tat, aber doch nur vernünftig erschien.»

Vernunft gegen Mutterliebe: Hedwig Pringsheim hatte längst beschlossen, diese sie seit nun bald zweieinhalb Jahren zermürbende Situation zu beenden und sich vor Ort selbst ein Bild zu machen. Ein Besuch, den Rodolfo Funke am 23. Juli 1907 in der Arcisstraße machte, zeigte ihr eine angenehme Möglichkeit, das Vorhaben endlich in die Tat umzusetzen: «Ich plane nun, mit diesem Herrn Funke, der seit 30 Jaren drüben lebt und ein reicher und angesehener Mann ist, im November hinüber zu faren.»

Wiedersehen mit Eti

Ein Vierteljahr später war es so weit: Die Eisenbahn- und Schiffsbilletts waren gebucht, die Spanischkenntnisse aufgefrischt, das Personal war eingewiesen worden. «Ich habe viel zu tun mit meinen Reisevorbereitungen», erfuhr Maximilian Harden am 16. Oktober. «Das Haus muss bestellt werden, so dass Alfred kein Unbehagen spürt; und Schneiderin und Modistin halten mich für leicht verrückt, weil ich Sommerkleider und Strohhüte verlange.»

Ende November dann der endgültige Aufbruch. Hedwig Pringsheim hatte sich entschlossen, erst in Lissabon an Bord der *Cap Arcona* zu gehen. Die lange Fahrt von Hamburg durch den Ärmelkanal, mit Zwischenstopp in Southampton und den französischen Häfen, erschien ihr allzu zeitraubend. Sie würde ohnehin genug Muße haben, das Leben an Bord kennenzulernen.

In dieser Annahme irrte sie sich nicht. Die Hochsee-Impressionen und kleinen Landausflüge, die Charakterisierung der Mitreisenden und die Gespräche, die Hedwig Pringsheim in ihr Reisetagebuch notierte, zeigen, dass sie viel Zeit hatte, sich Gedanken zu machen und von ihren Erlebnissen zu berichten – leicht, anschaulich und mühelos vom Allgemeinen ins Konkrete wechselnd, wie es in freundlich-entspannten Stunden ihre Art war.

Das Ambiente, die Ausstattung der Kabinen, die Salons und Speisesäle sagten ihr zu. Die kleine, reich bebilderte Schrift, die ihr vor Antritt der Reise «gratis und franco» von der Reederei zugesandt worden war, hatte nicht zu viel versprochen: «Die Kajüte», war da zu lesen, «ist aufs eleganteste eingerichtet und bietet alle Bequemlichkeiten der Neuzeit. Feine Plüschgarnituren, elegante Holztäfelung, zierliche Stuckaturarbeiten, elektrisches Läutewerk, sowie ein angenehmes Licht verbreitende Glühlampen strömen wohltuende Behaglichkeit aus und lassen nichts Gewohntes vermissen.»

«Nichts Gewohntes», in der Tat: Hedwig Pringsheim konnte sogar ihre morgendlichen Gymnastikübungen auf dem Schiff fortsetzen und sich auch tagsüber mit Hilfe der vielen, zum Teil recht originellen Turngeräte sportlich betätigen. Nur das zusammenlegbare Segeltuch-Schwimmbad, das es seit neuestem auf den Überseeschiffen der Hamburg Süd gab, scheint sie gemieden zu haben, obwohl es täglich neu mit frischem Meerwasser gefüllt wurde. Ihr genügten die in ihrem Prospekt als besonders praktisch angepriesenen «Patentwaschtische» vollauf.

Dafür war sie eine eifrige Benutzerin der von HAPAG-Vorstand Albert Ballin persönlich zusammengestellten Bord-Bibliothek, deren vielsprachiges Angebot sie, auf ihrem «bequemen Plüschsopha» sitzend, ausführlich genoss. In solchen Stunden wollte es ihr scheinen, als würde das Versprechen der Reederei, dass diese «luftigen und geräumigen Zimmer» (in denen sogar die Betten nicht mehr übereinander in die Wand eingelassen waren, sondern frei und leicht zugänglich im Raum standen) in keiner Beziehung mehr «mit den früheren engen Schiffskammern zu vergleichen» seien, von der Realität noch überboten.

Lediglich die Diners dauerten ihr – ungeachtet des elegant eingerichteten Speisesaals und der exquisiten französischen Küche – entschieden zu lange: eine kalte Vorspeise, die Wahl zwischen drei verschiedenen Suppen, Fischgang, Rinderbraten oder Truthahn, dazu Salat und eingemachte Pfirsiche oder Braunschweiger Stangenspargel mit «Mouseline Tunke», schließlich die obligate Eisbombe, Käse oder Früchte und ganz am Ende der ersehnte Kaffee. Zwischen ein und zwei Stunden täglich nahm diese Prozedur in Anspruch – eine lange Zeit, die mit niemals stockender Konversation gefüllt sein wollte.

Kein Zweifel, diese Zeremonie war gelegentlich eine Zumutung, selbst wenn man, wie Hedwig Pringsheim, am Kapitänstisch saß. Sie selbst war übrigens überzeugt davon, dass ihr diese Ehre als einer «von Ballin himself Empfohlenen» durchaus zustand. Dennoch war auch sie froh, dass der Zwang zu geselliger Tischunterhaltung durch das tägliche «Diner-Concert» ein wenig gelockert wurde. Ein auf

der Speisekarte mit der gleichen Ausführlich-
keit wie die Menügänge gedrucktes Musikprogramm, das uns ein Sammler zur Publikation
überließ, verzeichnet die Stücke, mit denen die
Bordkapelle die Gäste der *Cap Arcona* während
des Diners am 14. April 1908 unterhielt.

Es ist nicht ohne Reiz, die einzelnen Stücke
den jeweils passenden Gängen des Menüs zu-
zuordnen. Zunächst, vor Tisch oder zum kalten
Horsd'œuvre, gab's einen flotten Twostepp,
dem, stellen wir uns vor, zur «Suppe nach Peter
dem Großen» die Ouvertüre zu Flotows Oper
Martha folgte. Die Hingabe an den «Heilbutt
in reicher Tunke» wurde durch Franz Wagners
Lied *Ich sende diese Blume dir*, vielleicht aber
auch durch Ziehrers Polka *Das liegt bei uns im
Blut* untermalt, und zum Braunschweiger Stangenspargel konnte man einem Strauß'schen
Fledermaus-Potpourri lauschen.

Für Hedwig Pringsheim freilich dürften derartige Darbietungen wenig zur Erheiterung
beigetragen haben. Sie war, nach den über-
einstimmenden Aussagen ihrer Enkel, «völlig
unmusikalisch» und hatte bereits die Musik-
abende im Konzertsaal der heimatlichen Arcisstraße ohne innere Anteilnahme über sich er-

gehen lassen: «im Spitzengewand» und «sehr aufrecht dasitzend», im Grunde aber lediglich als – wenn auch «ungemein würdige» – Dekoration.

Nun, im Gegensatz zu den musikalischen Abenden in München waren die Konzertdarbietungen des Orchesters an Bord der *Cap Arcona* von vornherein nur als unterhaltliche und entspannende Abwechslung zwischen den Menügängen gedacht. Und auch Hedwig Pringsheim war – davon sind wir überzeugt – dankbar für gelegentliche Unterbrechungen einer Konversation, an der sie sich im Allgemeinen nicht ungern beteiligte. Seit ihrer Kindheit war sie offen für neue Eindrücke und, vor allem, die Schicksale anderer Menschen gewesen, die sie ein Leben lang mit Neugier, aber auch mit Empathie aufnahm. Fand sich indes kein Partner, dessen Gegenwart einen interessanten Abend versprach, zog sie sich in ihre Kajüte zurück und dachte an ihren verlorenen Sohn. «Der Eti» – wie würde sie ihn antreffen? Wie würde er aussehen nach so langer Zeit?

Das Wiedersehen am Kai, mitten im Koffergewühl, war zunächst einmal «das schönste», was sich denken ließ: «Wir haben beide glückselig geweint.» Doch dann «kamen gleich die kummervollen Eindrücke».

«Nachher gehen wir dann zu dir», wird sie gesagt haben auf der gemeinsamen Fahrt ins Royal. Doch als er nur den Kopf schüttelte und – im Vorbeifahren – auf ein schäbiges Hotel verwies, wusste sie Bescheid. Dennoch bestand sie darauf, ihn zu begleiten. «Seit vier Monaten vegetiert er nun in dieser nicht menschenwürdigen Höhle», schrieb sie acht Tage später, rückblickend, an Maximilian Harden, «zusammen mit seinen Stammtisch-Genossen, nicht eben besonders liderlich, aber weit über seine bescheidenen Verhältnisse lebend. Das Ganze: eine eklige, stumpfsinnige Misere.»

Hedwig Pringsheim hatte sich wenig Illusionen gemacht, aber das, was sie nun sah, überstieg ihre angstvollsten Phantasien. Eriks Reiterei durchs Land war ohne Erfolg gewesen. Seit einem Monat lebte er wieder ständig in Buenos Aires und vertrieb sich die Zeit in diesem stickigen Loch, das vollgestopft war mit Kisten und Koffern, Säcken und Sattelzeug.

Die Mutter wird sich rasch umgeschaut, mit den Achseln gezuckt und ihrem Sohn ein Zeichen gegeben haben: Nur fort aus diesem jämmerlichen Verschlag! Der Wirt aber hatte eine abwehrende Geste gemacht: «Sie müssen den Herrn erst einmal auslösen. Er hat seit vier Monaten keine Miete gezahlt.» – «Wie viel?» – Da hatte sie angeekelt ein Bündel Scheine auf den Tisch gelegt, die der Mann hastig einsteckte. Sie hatte nur einen Gedanken: Raus, so rasch es geht.

Die Fahrt zum Hotel Royal führte die Reisenden durch ein Viertel, das so verkommen wie das Hotel wirkte, das sie gerade verlassen hatten. Eine dreckige Gegend mit hässlichen Straßen, tosenden Trambahnen und einer ‹Prachtstraße›, die, aufgeputzt, aus einem Konglomerat unterschiedlicher Stile bestand. Alles grau, nüchtern und öde: eine «sterile Wüste».

Die Szene in der Absteige und die Kutschenfahrt durch die Stadt hatten die Mutter ernüchtert. Ihr Junge war das gleiche schwächliche und haltlose Wesen geblieben, dessen Wegbegleiter nun einmal nicht das Unglück war – das «Pech», mit dem er sich ständig entschuldigte –, sondern ein Versagen auf allen Gebieten. Er war ein Träumer, ein Illusionist, unfähig zu jeder realistischen Beurteilung seiner Lage. Nur durch ein entschlossenes Aufzeigen von

Grenzen ließe sich – vielleicht! – eine neue Existenz für ihn schaffen. Liebe konnte sie, nach allem, was geschehen war, kaum mehr empfinden; wohl aber Mitleid und Zärtlichkeit für ein armes Menschenkind, das dem Leben nicht gewachsen war und darum wusste: «Ich habe kein tägliches Leben. Was für ein Leben hab' ich denn überhaupt?» So zitiert die Mutter den Sohn kurz nach Weihnachten 1907. Das Fazit des Gesprächs ist im argentinischen Reisebuch dick unterstrichen: «man muss dem Buben ein Leben schaffen.»

Hedwig Pringsheim wusste genau, dass sie mit dem Vorsatz, ein solches Menschlichkeit verbürgendes Areal für ihren Eti zu zimmern, weit über das ihr Mögliche hinausging. Der Junge war nun einmal ein Mensch, der Großes plante, aber nicht einmal das Kleine durchsetzen konnte – zu unstet, um eine einzige Tat zu vollbringen. Es ist bezeichnend, dass Erik, der doch der Anlass der Reise gewesen war, in den argentinischen Aufzeichnungen nicht eben häufig vorkommt. Man hat den Eindruck, die Mutter brachte es nicht über sich, das Elend, das sie hautnah erlebte, auch noch aufzuschreiben.

Gelegentlich aber notierte sie dennoch Worte, die sie selbst während der schrecklichen Enthüllungen im Juni so apodiktisch und mit solcher Härte nicht formuliert hatte: charakterlos, schwach, ohne Verantwortungsgefühl, renommistisch und bramabarsierend. Ein großes Kind, ohne Sinn für Maß und Angemessenheit, das gerade deshalb aber nicht nur unglücklich war in einer Stadt, die auf sie wie eine pure Negation des Schönen wirkte: «Kein Museum. Keine Kunst, keine Literatur, keine Kirchen, keine Sehenswürdigkeit.»

Mit dieser Beschreibung zeichnete Hedwig Pringsheim allerdings eine Seelenlandschaft, die ihrer dunklen Stimmung entsprach. Das wirkliche Buenos Aires war anders, eine aufstrebende, kulturbewusste Metropole: «Großartige öffentliche Gebäude, imposante Bauten und Einrichtungen für den Handel, prachtvolle Clubs, Paläste, Hôtels, Theater, breite Avenuen, köstliche Parkanlagen, ausgezeichnete Schulen, Bibliotheken, Museen und schöne Kirchen.» Nein, Hedwig Pringsheim konnte diese Begeisterung des «Handbuchs zur Förderung germanischer Einwanderung» aus dem Jahr 1906 nicht teilen. Für sie blieb Buenos Aires eine «stinkfade» Stadt, in die ein Wesen wie Erik nur zu gut passe – ein Mensch, der immer im Konjunktiv lebte, immer ‹ich könnte›, niemals ‹ich kann› sagte. Als seine Mutter von einem schlechtgelaunten Hotelwirt gedemütigt wurde, hatte er «vor Wut geschäumt»; «aber sonst», heißt es im Reisetagebuch, «tat er nichts».

Und dennoch: Es gibt im argentinischen Diarium, leitmotivisch wiederholt, Augenblicke einer plötzlichen Wende, wenn der *andere* Erik auftaucht. In der Natur, vor allem, nach der verlangend – heißt es im Reisetagebuch – «er förmlich ausgetrocknet» sei. Es ist bewegend zu lesen, wie der junge Mann beim Anschauen chilenischer Gartenzonen einen *locus amoenus* vor sich zu sehen glaubte. Auf ihrer gemeinsamen Reise von Buenos Aires nach Santiago de Chile notierte die Mutter gerührt, dass der Sohn beim Anblick solch unerwarteter Schönheit «warm und ehrlich entzückt» gesagt habe: «In einem so wunderhübschen Land müssen die Menschen doch gut und liebenswürdig sein.»

Einen Augenblick lang tauchte da noch einmal die Vision von dem – im Kinderbüchlein so stolz und liebevoll beschriebenen – glücklichen Jungen auf, der, sanft und freundlich, jene große Angst vergaß, die das Leben des Erwachsenen prägte.

Über die Anden

Die Chile-Reise, diese letzte gemeinsame Unternehmung von Mutter und Sohn, hatte Hedwig Pringsheim vermutlich bereits vor ihrem Aufbruch aus München geplant, denn sie folgte bei der Auswahl der Route ziemlich genau dem Vorschlag, den die Hamburg-Süd ihren Passagieren in jenem bereits erwähnten Prospekt unterbreitet und durch Abdruck des genauen Fahrplans sowie einer eingehenden Streckenbeschreibung als «unvergessliches Erlebnis» empfohlen hatte:

«An drei Tagen der Woche geht um 7 Uhr morgens ein bequem und vornehm eingerichteter Expresszug mit Schlaf- und Restaurationswagen von der Station Retiro in Buenos Aires ab, der die Reisenden in etwa 22 Stunden nach Mendoza bringt (eine Besichtigung der durch das Erdbeben von 1864 zerstörten alten Stadt ist sehenswert).»

In Mendoza, «1945 km von Buenos Aires entfernt», dann das – später auch von Hedwig Pringsheim drastisch beschriebene – «Umsteigen auf die schmalspurige Andenbahn», in der die «hochinteressante Fahrt» nach Las Cuevas, der argentinischen Grenzstation, weiterging. «Gerade auf dieser Strecke» – so der Prospekt – «verdient das Hochgebirge, insbesondere die Sierra de los Penitentes mit ihren eigenartigen, an die Dolomiten erinnernden Formationen und ihrem düsteren Ernst Bewunderung.»

Die Beschreibung der von Hedwig Pringsheim später als das ‹eigentliche Abenteuer› empfundenen Bewältigung der Strecke vom argentinischen Las Cuevas ins chilenische Juncal nimmt sich demgegenüber eher nüchtern aus: «Die Reise wird im Sattel (auf sicheren Maultieren) oder in Kutschen zurückgelegt, je nach Wunsch der Reisenden und den Schneeverhältnissen. Gewöhnlich werden die Wege erst gegen Ende Dezember fahrbar und bleiben es zumeist bis Ende März; in der übrigen Zeit ist der Reisende auf den Sattel angewiesen.»

Hedwig Pringsheim dürfte – obwohl sie eine gute Reiterin war – nicht unglücklich gewesen sein, dass ihre Reise in die Zeit fiel, da es möglich war, die «schaurig-schöne Wildnis» und den immerhin 3990 m hoch gelegenen, von der «imposanten Christusstatue» überragten Pass mit Hilfe einer – wenn auch höchst unbequemen – Kutsche zu überqueren.

Die Impressionen der Chronistin stehen in auffälligem Kontrast zu den Verheißungen des Prospekts, der sich, was mögliche Strapazen durch Zugverspätungen, schlechte Hotels und kaum zumutbare Aushilfsgefährte betrifft, spürbar zurückhält. Doch zumindest entsprach die Beschreibung des Abstiegs aus den Bergen hinunter zum Stillen Ozean weitgehend den Eindrücken von Mutter und Sohn: «In Juncal besteigt der Reisende die chilenische Gebirgsbahn. Die höchst sorgsame und gediegene Anlage des Schienenweges, der sich zwischen den gewaltigen Ketten der Anden hindurchschlängelt, die kunstvollen Brücken und die zur Zügelung der tosenden Bergwasser mit unermüdlicher Ausdauer zweckmäßig gebauten Dammstraßen verdienen Beachtung und geben den Passagieren das Gefühl der Sicherheit.»

In Santa Rosa begann die endgültige Rückkehr in die Zivilisation. Die Reisenden durften in einen zweiachsigen Expresszug der chilenischen Staatsbahn umsteigen, der sie «in rascher Fahrt» durch jene «liebliche, in strahlendem Sonnenlicht prangende fruchtbare Landschaft» führte, die Erik Pringsheim und seine Mutter wenig später so glücklich machte. In Llai Llai verzweigte sich die Strecke: «Einerseits gings nach der reichen Landeshauptstadt Santiago, andererseits nach dem emsigen Valparaiso, dem sogenannten chilenischen Hamburg.» Hier, an der Westküste des Kontinents angekommen – so das Versprechen des informativen Werbetextes –, «wird der Reisende für sein Leben unvergessliche Eindrücke und Erinnerungen gesammelt und die Überzeugung gewonnen haben, dass diese Gebirgsreise (die nach dem Sommerfahrplan zumeist nur 40 Stunden dauert) heutigentags selbst Damen und Kindern ohne besondere Anstrengung möglich ist».

Nun, «ohne besondere Anstrengungen» war die Fahrt für Hedwig Pringsheim, wie ihr Reise-Journal zeigt, nicht gewesen. Aber sie war glücklich, das Abenteuer gewagt zu haben. Die Unternehmung hatte sich gelohnt – Strapazen hin oder her: zum einen, weil Erik so große Freude empfand, sich endlich einmal wieder in «schöner Natur» bewegen zu dürfen, zum anderen, weil sie selbst zum ersten Mal den Eindruck gewann, einer interessanten, in gleichem Maße faszinierenden wie erschreckenden, in jedem Fall aber fremden Welt zu begegnen – ein Erlebnis, auf das sie in Buenos Aires vergeblich gehofft hatte und das ihr auch während der kleinen Reisen ins Land und auf Funkes Estancia nicht in einem befriedigenden Ausmaß zuteil geworden war. ·

Heimreise – und Nachrichten aus Virorco

Am 7. Februar trat Hedwig Pringsheim auf dem unter britischer Flagge fahrenden Dampfer *Avon* die Heimreise nach Europa an: «auf einem fremdsprachigen Schiff, ohne irgendwelchen Anschluß». «Mir graut», schrieb sie in ihrem letzten Brief aus Südamerika an Harden. «Erik will nicht mit, und eine passende Estancia für ihn hat sich auch nicht gefunden; sorgenvoll und schweren Herzens, wie ich kam, gehe ich auch wieder.»

Zu Sorgen, so scheint es, hatte es bis zum Augenblick der Abreise genügend Anlass gegeben. Die täglichen Notizbuch-Aufzeichnungen, die Hedwig Pringsheim neben ihrem ausführlichen Reisetagebuch weiterführte, berichten von bis zuletzt wahrgenommenen Terminen mit Maklern, Geschäftsfreunden und Financiers, die sich um eine Perspektive für Erik bemühten. Die Mutter hatte offenbar noch einmal alle für sie erreichbaren Ratgeber konsultiert, denn die ständig neu ans Licht kommenden Schulden stellten den Erfolg ihrer verzweifelten Versuche, dem Jungen eine tragfähige Lebensgrundlage zu schaffen, immer wieder in Frage. «Entsetzlich deprimiert wegen immer neu auftauchender Schulden von Erik, bei gänzlicher Unmöglichkeit, zu eruieren, wie viel und wofür.»

Als die *Avon* zehn Minuten nach dem Ablegen wieder zurück an den Quai manövrierte, weil der Wasserspiegel des La-Plata-Flusses plötzlich gefallen war und das Schiff, um auslaufen zu können, das Steigen der Flut abwarten musste, kam Erik in der Dämmerung mit einer Barkasse noch einmal zur Mutter hinaus. Abends um sieben dann die endgültige «sehr herzbrechende Trennung». Das kleine Boot fuhr noch zweimal am Dampfer vorbei. Erik grüßte, nach der zweiten Umkreisung, zu seiner Mutter hinauf, die regungslos an der Reling stand, schwenkte noch einmal seinen Hut und verneigte sich, wodurch – wie Hedwig dankbar notierte – der «Blütenstaub des heiligen Abschiedsschmerzes in den Winden verwehte». Im Notizbuch allerdings vermerkte sie etwas realistischer: «Als wir um 7 endlich ausfuren, war mein Junge nicht da.»

Doch auch dieser Schmerz verging: Hedwig Pringsheim verbrachte ihre Reise zurück nach Europa höchst abwechslungsreich, wenn auch der Unterschied zwischen der *Avon* und dem Luxusliner *Cap Arcona* beträchtlich war. Das noble hanseatische Schiff hatte allgemeine Geselligkeit und muntere Gespräche während der Diners befördert. Wie anders da der englische Postdampfer! In Liegestühlen schrieb man auf einem Teebrett Postkarten an die Lieben daheim oder las, in Gedanken versunken, in Büchern und Journalen. Hedwig Pringsheim war froh, ihren Reuter mit gehobener Lektüre vertauschen zu können. Sie las wieder einmal ihr Lieblingsbuch, Charles Dickens' Roman «The Pickwick Papers», dessen schnurrige Texte sie weitgehend auswendig wusste. Ihr Kabinennachbar, ein Mr. Harold Smith, kannte sich in der Geschichte nicht schlechter aus.

Während der abendlichen Bordspaziergänge debattierten die beiden über ihre Lieblingsgestalten, den Schuhputzer Weller oder den Hochstapler Jingle. Zu ihrem Bedauern aber mussten sie die Gespräche auf der Höhe von Vigo abbrechen: Ein Sturm zog auf, das Schiff schlingerte heftig; die Liegestühle wurden geräumt. Das Paar verlor sich vor Cherbourg aus den Augen. Aber sie setzten ihre Gespräche später in langen Briefen fort und trafen sich sogar noch einmal in Paris zu einem Rendezvous, über dessen Verlauf Hedwig Pringsheim ihrem Freund Harden berichtete.

Hatte das gute Wetter während der Reise nach Lissabon und Vigo ihre schriftstellerischen Tätigkeiten begünstigt, so fiel das Finale dem Sturm vor Cherbourg zum Opfer. Ein Wasserschwall, der in ihre Kajüte drang, unterbrach die geliebte *ars scribendi*. Die Chronistin, vermuten wir, wird ihrem nautisch bewanderten Schwiegersohn die Neptun-Stunde vor Vigo einprägsam, wenngleich ein wenig zu dramatisch geschildert haben. Auf jeden Fall seien die Wellen, dafür verbürge sie sich, donnernd gegen die Planken geschlagen, und das Schiff habe begonnen, geradezu verwegen auf den Wogen zu tanzen.

Thomas Mann wird sein Vergnügen an der schwiegermütterlichen Beschreibung gehabt haben; er liebte Dramen, wenn er sie brauchen konnte, und das war bei der Seefahrergeschichte der Fall: Nicht nur die schreibgewandte Hedwig Pringsheim, sondern auch ihr dubioses literarisches Pendant Felix Krull hatten schließlich die Route zwischen Buenos Aires und Cherbourg bewältigt – freilich in verschiedener Richtung.

Doch einen Sturm hatte es auf der *Cap Arcona* so gut wie auf der *Avon* gegeben. Der Leser kann's in den Notizen zu den Hochstapler-Bekenntnissen nachlesen. «Stürmischer Seegang», schreibt Thomas Mann, dem Text des Reisetagebuchs folgend, «die Passagiere sind nicht aufgelegt, ihr Gepäck zu revidieren.» Erst dann tritt der Hochstapler in Aktion und stielt (ohne Dehnungs-h geschrieben! – der Poet übernimmt sogar die Orthographie seiner Schwiegermutter) während der Seefahrt «ein Perlencollier im Werte von 337 000 Dollar». Wie hoch, fragt sich der Leser, wird, mit solcher Summe verglichen, wohl der Preis von Hedwig Pringsheims Renaissance-Collier gewesen sein, das – neben der durchsichtigen Bluse – Kapitän Langerhannsz auf der *Cap Arcona* so sehr entzückte? Thomas Mann hätte, im Reisetagebuch blätternd, die Frage mit Sicherheit beantworten können.

Die Hochstapler-Reise sollte gleichfalls dramatisch verlaufen, nur profitierten Felix' Aktionen von dem Unwetter, während Hedwig Pringsheim die ihr wichtigste Tätigkeit, das Zuendeführen des Reisetagebuchs, vorzeitig aufgeben musste. Das *opusculum* schließt mit einem halbfertigen Satz und sieben kleinen Punkten. Das fortlaufende Diarium indes berichtet von einer dramatischen Ausschiffung in Cherbourg «bei kaum zu bewältigendem Sturm» und kaltem Wetter, von «Zoll und anderen Scherereien» und einer Heimfahrt mit Zwischenaufenthalt in Paris, wo Hedwig Pringsheim in erster Linie den europäischen Hotelkomfort genoss.

Am 1. März 1908 bestieg sie in Avricourt den Schlafwagenzug nach München, wo Mann und Tochter nebst Schwiegersohn sie am 2. März, morgens ¾ 8 Uhr, auf dem Bahnsteig erwarteten. Zu Hause empfing sie ein Blumenmeer; Alfred Pringsheim drückte seine Freude durch

das Überreichen eines Brillantringes und eines «reizenden tea-gown» – eines weiten, zur
Teezeit oder am frühen Abend zu tragenden
ornamental bedruckten Gewands – aus, und
dann strömten die Münchner Freunde herbei,
die Enkel, «beide sehr ‹entziffert›», wie das
Diarium vermerkt, machten ihre Aufwartung,
und Katia leistete ihrer Mutter bis abends ½ 11
Uhr Gesellschaft. «Gepackt und sehr verwirrt»,
notierte Hedwig einen Tag später.

Lange Zeit zum Eingewöhnen blieb ihr nicht.
Bereits kurz nach ihrer Ankunft, am 4. März,
trafen zwei zunächst «unverständliche Kabel»
aus Argentinien ein, die für neue Aufregung
sorgten. Erik hatte offenbar unmittelbar nach
der Abreise seiner Mutter das Angebot für den
Kauf einer Farm erhalten, die seinen Wünschen
entsprach. Als sicher war, dass auch Rodolfo
Funke und die Firma Staudt / Küster keine Einwände hatten, übermittelte Alfred Pringsheim
acht Tage später sein «Einverstanden» und
überwies – nach Erledigung der notwendigen
Formalitäten durch das argentinische Kon-
sulat in München – am 16. März 1908 «das ver-
langte Geld, 165 000 Mark», telegraphisch nach
Buenos Aires.

Die Eltern werden erleichtert gewesen sein. Zwar ließen ausführliche Berichte des Sohnes nach wie vor auf sich warten, aber die spärlichen Nachrichten klangen beruhigend. Am 8. Mai dann der ersehnte Brief aus Virorco, einem kleinen Ort, etwa 50 km nordwestlich von San Luis gelegen – einsam und weitab von jeglicher Zivilisation; noch heute nur unter Schwierigkeiten und mit Ortskenntnissen zu erreichen.

Eine Expedition im April 2006: Virorco! Von San Luis ist's noch eine abenteuerliche Reise. Selbst die wackere Taxifahrerin hat sich erst mal gründlich verfahren. Rund eine Stunde sind wir durch eine gottverlassene Mondlandschaft geirrt, in der nie eine Kuh gegrast haben dürfte. Dann nach x Nachfragen der erlösende Wegpfeiler: Virorco!

Eine matschige Piste aus Lehm, die quer durch drei kleine Bäche in ein saftig grünes Tal führt. Endlos weites Weideland. Weißblühender Schilf. Ein See, an dem ein paar verlorene Forellen-Angler stehen. An drei Eseln vorbei. Ein einsamer Reiter kommt uns entgegen und weist uns die Richtung: Virorco, si! Nach weiteren zehn Minuten querfeldein passieren wir ein Gatter. Wir sind angekommen – an einem gottverlassenen Ort, der weder ein Städtchen noch ein Weiler ist, sondern eine riesige, einsame Estancia.

Viel dürfte sich hier kaum verändert haben in den letzten hundert Jahren.

Zuerst: die strohbedachten Hütten der Arbeiter. Das Wasser kommt bis heute aus dem Brunnen. Cowboys wie aus dem Bilderbuch, mit Lederhut und bunten Tüchern um den Hals. Schwerbesattelte Pferde an den Zaun gebunden. Nein, hier hat der Münchner Großbürger-Sohn gewiss nicht gelebt.

Wir werden weitergeschickt. Fünf Kilometer von hier am anderen Ende des Sees stehe die Estancia, in der die Herrschaft einst wohnte. Wieder über Lehm und Steine geschaukelt (die Piste ist wirklich eher für Reiter geschaffen – jedenfalls nicht für einen alten Fiat). Wir sind dennoch angekommen. Auf einer kleinen, dicht bewaldeten Anhöhe ein schlichtes, aber geräumiges weißes Haus. Ein langer Korridor. Sechs Zimmer. Ein Garten. Dahinter ein notdürftig umzäuntes Feld, auf dem sich die Schweine suhlen. Hier wird er gelebt haben mit seiner Mary – und einigen Bediensteten, die im anliegenden Wirtschaftshaus gewohnt haben dürften. Ein grausig-schöner Ort der Verbannung. Von Virorco führt so schnell kein Weg zurück in die Zivilisation.

«… mit seiner Mary». In der Tat war Erik Pringsheim nicht allein in die Einsamkeit gezogen. Er hatte nur wenige Wochen nach der Abreise seiner Mutter jene Maria Barska/Rothaar geheiratet, von der in den Notizbuch-Aufzeichnungen vom Dezember 1907 und Januar 1908 aus Buenos Aires – merkwürdigerweise aber niemals im Reisetagebuch – gelegentlich, doch stets beiläufig die Rede ist. Dennoch war Hedwig Pringsheim außerordentlich überrascht, als sie am 22. Mai die Nachricht von der am 1. April in Buenos Aires beurkundeten Eheschließung erhielt: «Brief von Erik mit der verblüffenden Mitteilung seiner Verheiratung mit Mary Rothaar Barska!»

An der Wahrheit der Nachricht besteht kein Zweifel. Wir haben in Buenos Aires die Heiratsurkunde gefunden, die besagt, dass «in der Hauptstadt der Republik am ersten April 1908 um fünf Uhr nachmittags» vor dem «Chef der Sektion 19 des Standesamtes» erschienen: «Erik Pringsheim, 28 Jahre alt, ledig, deutsch, geboren in München, Farmbesitzer, wohnhaft Juncal 2800, Sohn von Alfred Pringsheim und Hedwig Dohm, beide deutsch, wohnhaft in Deutschland, und Maria Erlich, 26 Jahre alt, geboren in Warschau, wohnhaft Bartolome Mitre 1975, geschieden von Pedro Kon, dessen Ehe in Russland geschlossen und am 5. Mai 1903 aufgelöst wurde.»

Nachdem noch die Namen der Trauzeugen – Karl Erich Baron von Fritsche, «Händler», und Joachim von Alvensleben, «Landbesitzer» – notiert und auch sonst «alles in Ordnung war», erklärte der Standesbeamte Erik Pringsheim und Maria Erlich zu Mann und Frau», ließ beide samt den Zeugen die Urkunde unterschreiben und schloss die Zeremonie.

«Das entsetzliche Telegramm»

Für die Chronisten hingegen eröffnet sich an diesem Punkt ein weites Feld voll von Merkwürdigkeiten und Ungereimtheiten, die sich bis zum heutigen Tag nicht haben vollständig aufklären lassen.

Da ist zunächst einmal die Frage nach der Identität der jungen Frau. Warum spricht Hedwig Pringsheim von Mary Barska, während die Urkunde den Namen Erlich, geschiedene Kon beglaubigt? War Erik an eine Frau mit zwei Identitäten geraten, am Ende sogar an eine Bigamistin? Eine Kennerin der argentinischen Einwandererszene hält es für durchaus möglich, dass Mary «die Ehetrennungspapiere einer Maria geb. Erlich gebraucht haben könnte, um heiraten zu können». Belegbar ist, dass Maria Barska zum Zeitpunkt ihrer Einreise nach Argentinien am 31. Oktober 1907 eine verheiratete Frau war. Dies geht aus den Passagierlisten der Hamburg Süd zweifelsfrei hervor.

Hedwig Pringsheim wird im Mai 1909 in ihrem Notizbuch von «Enthüllungen über Marys Vorleben» und einer «verhängnisvollen Begegnung» mit Erik sprechen, die ein Herr von Manz aus Argentinien nach München gemeldet habe – leider ohne nähere Angaben zu machen. Sie selbst hatte ihre Schwiegertochter im Dezember 1907 in Buenos Aires als Maria Barska kennengelernt, als Mary Barska-Rothaar, wie sie schrieb. Die Bezeichnung «Rothaar», das zeigt sich schnell, ist kein Name, sondern eine Anspielung auf die roten Haare, die offenbar das hervorstechende Merkmal der jungen Frau waren. Das Notizbuch vermerkt unter dem 15. Dezember: «Nach dem lunch Unterhaltung mit der roten Berliner Nachbarin», und am 21. Dezember ist von einem Versuch die Rede, die neue Wohnung der ‹roten

Nachbarin› anzuschauen. «Aus Ulk» «ließen» Mutter und Sohn sogar «Karten», um die nicht angetroffene Inhaberin von dem beabsichtigten Besuch zu unterrichten.

Nun – ob «Ulk» oder Ernst: die Geste, die während eines Spaziergangs im Januar sogar noch einmal wiederholt wurde: «bei Rot-Haar Karten gelassen», zeigt in jedem Fall, dass Hedwig Pringsheim die so viel jüngere Frau, die, wie die Agentur-Listen zeigen, ziemlich genau einen Monat vor ihr als Erste-Klasse-Passagierin auf der *Cap Vilano* in Buenos Aires angekommen war und die ersten Wochen auch im Royal wohnte, keinesfalls als «unter ihrem Stand» oder gar «unmöglich» ansah. Die Frauen mögen sich sogar sympathisch gewesen sein; auch Abende zu dritt – gemeinsam mit Erik – sind gut vorstellbar.

Aber wieso erscheint Mary sowohl in Hedwig Pringsheims Notizbuch als auch auf der offiziellen Passagierliste lediglich unter dem Namen «Maria Barska»? Ein Geburtsname ist in dem Hamburg-Süd-Dokument nicht angegeben. Man erfährt lediglich, dass die ohne Begleitung – also auch ohne Ehemann – reisende verheiratete Frau 27 Jahre alt, russischer Nationalität und zuletzt – wie es ja auch Hedwig Pringsheim erwähnt – in Berlin wohnhaft gewesen war. Versuche, ihre Spur dort aufzufinden, blieben ergebnislos. Ebenso unsere Recherchen in Warschau. Doch es gibt keinen Zweifel, Maria Barska und Maria Erlich sind ein und dieselbe Person – eine Frau, die, wenn die bei der Hochzeit vorgelegten Papiere denn ihre eigenen waren, vielleicht sogar dreimal geheiratet hat. Einmal Pedro Kon, von dem sie – wie die Urkunde beglaubigt – 1903 geschieden wurde. Dann – in vielleicht zweiter (vielleicht aber auch erst erster) Ehe – irgendwann einen Mann namens Barski oder Barskow. Diese Verbindung war noch nicht aufgelöst, als Mary nach Argentinien reiste, denn um eine Schiffskarte zu kaufen, war es notwendig, einen Pass vorzulegen. Und der muss – laut Passagierliste – für eine verheiratete «Maria Barska» ausgestellt gewesen sein. Ihre vermutlich dritte – vielleicht, wenn die Erlich-Papiere denn falsch waren, aber auch erst zweite – Ehe schloss die noch nicht einmal Dreißigjährige dann mit Erik Pringsheim. Wahrlich: eine Frau mit Vorleben!

In München ahnte man von all dem nichts. Der neue «Streich» des Ältesten wurde von den zahlreichen Mittags- und Teegästen des Hauses Pringsheim verwundert, aber wohlmeinend und insgesamt erleichtert zur Kenntnis genommen. Selbst Emma Schlier, die von Erik so schmählich verlassene «Verlobte», nahm die Nachricht von der Vermählung zu Hedwigs Beruhigung ohne große Emotionen, «kühl und freundlich» auf.

Dennoch blieb der Mutter die ganze Sache ein wenig dubios. Die Tatsache, dass sie – trotz der zwar seltenen, aber doch nicht unfreundlichen Begegnungen in Buenos Aires – im Grunde nichts über Eriks Frau wusste, weder ihre Vergangenheit noch ihre Familie kannte, ließ es geraten erscheinen, bei Aniela Fürstenberg, der polnischen Frau ihres alten Verehrers Carl Fürstenberg, um genauere Auskünfte zu bitten.

Doch auch Frau Fürstenberg konnte offenbar nichts Nachteiliges berichten. Jedenfalls enthält das Notizbuch keinen Hinweis auf negative Nachrichten – auch später nicht, als Hedwig Pringsheim während eines Berlin-Besuchs noch einmal ein «langes Gespräch» mit den Fürstenbergs «über Eriks neue Verwandte» führte. Zudem schrieb Mary weiterhin «sehr anständige Briefe», in denen sie stets vernünftig über den Stand der Dinge und ihre Pläne zur Bewirtschaftung der Farm berichtete und auf die Schwiegermutter den Eindruck einer Frau machte, die strategisch denken und zupacken konnte.

Warum also wollte sich kein Gefühl wirklicher Zuversicht einstellen? «Erik, der arme, gute Dumme, hat sich ‹drüben› verheiratet: ich fürchte, auch nicht wieder sehr klug», vertraute Hedwig Pringsheim im Juni 1907 ihrer Freundin Dagny Langen-Sautreau an. Außerdem hörten Eriks Geldforderungen auch nach der Hochzeit nicht auf. Im Gegensatz zu früher freilich waren für die neu erbetenen Beträge genaue Gründe angegeben: Sanierung der Farm, Kauf von Zuchtvieh und Bezahlung der für eine rentable Bewirtschaftung notwendigen Hilfskräfte. Selbst Ratgeber Funke befürwortete diesmal – zu Alfred Pringsheims nicht geringem Ärger – die Überweisung, die das Leben der jungen Leute nicht unwesentlich erleichterte. «Aus Argentinien bekomme ich tröstliches zu hören», schrieb die Mutter Ende Oktober 1908 ihrem alten Freund Harden. «Der gute Erik gebiert – gebärt (wie sagt man? Ich konnte es blos tun) Kälber, schlachtet Schweine und verkauft Mais, die Frau schreibt einfach, natürlich, klug, vertrauenerweckend.»

Und doch blieb für die Eltern eine Frage unbeantwortet: Warum hatte der Sohn – zumindest während der letzten gemeinsamen Tage im Februar 1908 – seiner Mutter nichts von den Heiratsplänen erzählt? Kam der Entschluss wirklich so plötzlich, oder kannten sich die jungen Leute bereits, als Hedwig Pringsheim nach ihrer Ankunft im Hotel Royal abstieg? Diese Annahme erscheint eher unwahrscheinlich, wenn man bedenkt, in welchem Milieu und mit welchen Leuten die Mutter den Sohn am 2. Dezember 1907 angetroffen hatte. Außerdem war Maria Barska noch nicht lange in Buenos Aires. Die Passagierlisten zeigen, dass die *Cap Vilano* am 31. Oktober, knapp fünf Wochen vor der *Cap Arcona*, auf der Hedwig Pringsheim reiste, in La Plata vor Anker ging. Vermutlich trafen sich Erik und Mary also im Royal, das heißt: erst nach dem 2. Dezember 1907.

Der Grund für Marys Argentinien-Reise ist heute nicht mehr rekonstruierbar. Für Hedwig Pringsheim scheint er plausibel gewesen zu sein. Uns hingegen bleibt auch nach Durchsicht aller zur Verfügung stehenden Dokumente nur die durch Passagierlisten gedeckte Tatsache, dass die junge Frau die Reise ab Southampton gemeinsam mit dem 27-jährigen Henry C. Mackay zurücklegte und dass beide zu diesem Zeitpunkt verheiratet waren. Ob sie sich auf dem Schiff kennenlernten oder ob der Engländer bereits Marys Freund war, dem sie nachreiste, um gemeinsam mit ihm in Argentinien ein neues Leben zu beginnen, wissen wir nicht. Auch nicht, ob sich Erik und Mackay zu dem Zeitpunkt bereits kannten. Sicher ist nur, dass sie sich in Argentinien – seit wann auch immer – Freunde nannten. Warum – wie Mary es in ihren späteren Briefen an die Schwiegereltern als selbstverständlich voraussetzt – Mackay dem Freund knapp vier Monate nach der Ankunft in Argentinien die Freundin – und zwar offenbar ohne Groll und in allseitigem Einverständnis – «abtrat», ist aus den Dokumenten nicht ersichtlich.

Was auch immer sich abgespielt haben mag, merkwürdig bleibt, dass die Mutter während ihres Argentinien-Aufenthaltes nichts von einem außergewöhnlichen Interesse von Mary und Erik füreinander, geschweige denn eine positive Wirkung der Begegnung auf den Sohn notierte. Von einer Veränderung seines Verhaltens jedenfalls ist weder im Notizbuch noch im Reisetagebuch die Rede. Ja, es fällt rückblickend auf, dass der Name Maria Barska in dem Argentinien-Diarium nicht ein einziges Mal erwähnt wird.

Man darf also annehmen, dass Erik und Mary den Entschluss für eine gemeinsame Zukunft erst nach Hedwig Pringsheims Abreise gefasst haben. Hatte er vielleicht mit Virorco zu tun? Da waren Mutter und Sohn monatelang vergeblich bemüht gewesen, etwas zu finden, was ihren Vorstellungen und ihren Möglichkeiten entsprach. Und nun, wo die Mutter eben fort war, gab es plötzlich ein so vielversprechendes Angebot. Verlor Erik in diesem Augenblick den Mut, die Aufgabe allein anzupacken? Oder war Mary – vielleicht sogar im Bund mit Mackay – die treibende Kraft gewesen? Hatte sie die Freundschaft mit dem reichen Erben in der Absicht gesucht, sich in Argentinien eine neue Existenz aufzubauen?

Diese Frage beantworten auch zwei nach dem Erscheinen der Erstausgabe dieses Buches aufgetauchte Briefe von Mary an Erik nicht. Die junge Frau hatte sie am 9. Februar 1909 an

Hedwig Pringsheim geschickt, um mit dieser Geste den Wunsch ihres verstorbenen Mannes zu erfüllen, seiner Mutter Gelegenheit zu geben, ihre Schwiegertochter und deren «Vorgeschichte» (so wörtlich) kennenzulernen. Der längere dieser Berichte ist undatiert und, allen Indizien nach, einige Wochen vor dem zweiten verfasst, den Erik – wie aus dem Text hervorgeht – als ermutigenden Willkommensgruß in Virorco vorfinden sollte.

Der erste Brief enthält die dringende Warnung, bei einem Farm-Kauf nichts zu überstürzen: «Prüfen – wägen – lieber einige Monate suchen als einen Tag zu früh kaufen. Sie haben eine grosse und schöne Verantwortung vor sich und müssen Ihren Leuten beweisen, dass Sie ihr Vertrauen verdienen. So, wie es mir aber erscheint, haben Sie einstweilen nur grosse Eile und denken nicht an das Später.»

Es sieht so aus, als habe Mary zu diesem Zeitpunkt ihren Erik bereits gut gekannt und sei auch mit wichtigen Momenten seiner Biographie vertraut gewesen … ein Wissen, das sie augenscheinlich souverän einzusetzen vermochte: «Trotzdem Sie älter sind, sind Sie doch im Vergleich mit mir ein Kind und wissen, *how very, very fond I am of you.* Vor Ihnen steht eine so hohe und schöne Lebensaufgabe – doch viel schöner als Ihr so sehr bedauertes Biersoldatentum.» Marys Sätze zeugen von unabhängiger Intelligenz und der Fähigkeit, in ihrer Argumentation Gefühl und Verstand gleichermaßen zu Wort kommen zu lassen: «Sehen Sie mal, Erik, Sie müssen Ihre Eltern in dieser Sache verstehen und nicht meinen, dass man Ihnen nur *grand Fort* antun wollte, indem man sich nicht für sie verwandte. Ein moderner, hochgebildeter Mensch wie Ihr Vater kann unmöglich Militarismus als etwas Nutzbringendes und Notwendiges erachten – diesen Parasiten, der nur am Staate saugt und Idioten, die sonst nirgends Unterkunft fänden, einen Unterschlupf bietet. Natürlich gibt es auch wirklich intelligente und tüchtige Leute dabei. Aber Sie können mich nimmermehr glauben machen, dass Sie es aus Überzeugung – aus Fanatismus – aus Vaterlandsliebe waren – schwindeln Sie nicht, Sie schwindeln überhaupt unglaublich und ich weiss es immer, denn Ihre Nase wird ganz schief dabei. Also, Erik, seien Sie vorsichtig in der Wahl und nehmen Sie sich jemand mit, der länger im Lande ist und Erfahrung hat.»

«Seien Sie vorsichtig, Erik, und nehmen Sie jemanden mit, der Erfahrung hat» ... dieser Satz bringt den Tenor des langen Briefes auf den Begriff; ja, gelegentlich gewinnt man sogar den Eindruck, er sei in erster Linie um dieser stets außerordentlich geschickt und trotz aller Direktheit versöhnlich abgefassten Ermahnungen willen geschrieben worden. «Übrigens, lieber Erik, Elemente wie [Lücke im Manuskript] dürfen Sie nicht in mein Haus einführen. Sie vergessen, dass meine Lage ohnehin sehr schwer ist und dass ich mich nur dadurch schütze, dass ich nur anständige Leute kenne. Ihr Bekanntenkreis ist mir unbegreiflich – als Sohn Ihrer Eltern müssten Sie doch auf all solches Gesindel herabblicken und Sie kneipen mit kleinen Lärmbengeln und, was noch schlimmer, mit verkrachten Cavalieren. Die Leute nutzen Sie doch nur aus.»

Der zweite, vom 14. März 1908 datierte Brief – geschrieben vermutlich unmittelbar nach dem Erwerb von Virorco – verfolgt ähnliche Ziele: Zum einen versucht Mary, den Kauf als chancenträchtigen Neuanfang hinzustellen, zum zweiten bietet sie – unverhüllter als im ersten Schreiben – noch einmal ihre Unterstützung an: «Streben Sie rauf – rauf – was andere konnten, muss Ihnen bei Ihrer Intelligenz auch gelingen, ich bin ehrgeizig für Sie. Sie sollen ein *first class estanciero* werden und sollen ein kleines Königreich gründen – und ich – ich möchte Ihre Königin sein. Vergessen Sie in der neuen Würde Ihre kleine Freundin nicht – es wäre sehr schade – sie hat Sie sehr lieb.»

Und dann folgt der Satz, der Aufschluss über Marys später von Hedwig Pringsheim wieder und wieder zitiertes «Vorleben» geben könnte, wenn man denn den passenden Kontext wüsste: «Und wenn nicht über den grossen Teich ein kleiner Bubi sässe, der mal eines Tages von seiner Mutter Rechenschaft über seinen ehrlichen Namen fordern wird – dann, kleiner Erik, liesse ich hier alles im Stich. Für ein paar Jahre des stillen Glücks, das wir gemeinsam geniessen würden – liesse ich gern England – England sein und käme raus.»

Geschrieben am 14. März 1908, knapp drei Wochen vor der Hochzeit, die – allen Rücksichten auf den eventuell einmal Rechenschaft fordernden kleinen Sohn zum Trotz – am 1. April in Buenos Aires stattfand … beglaubigt von einem Trauzeugen, dem die Braut erst kurz zuvor, in ihrem ersten, undatierten Brief, ein moralisch höchst dubioses Benehmen attestiert hatte. Kein Zweifel, die ganze Angelegenheit bleibt rätselhaft, selbst dann, wenn man unterstellt, dass die geltend gemachte Rücksichtnahme auf den in Europa zurückgelassenen Sohn mit Marys zivilrechtlichem Status zusammenhing. Diese Annahme würde die These stützen, sie habe als die verheiratete Frau Maria Barska neue Papiere – nämlich die einer Maria, geschiedene Kon, geb. Erlich – erworben, um Erik heiraten zu können. Denn ein erwachsener Barski-Sohn könnte eines Tages durchaus Rechenschaft darüber fordern, warum seine Mutter ihren legitimen, «ehrlichen» mit einem erkauften – also «unehrlichen» – Namen vertauschte.

Doch was immer die Gründe dafür gewesen sein mögen, dass die Ehe von Mary und Erik knapp zwei Wochen nach dem Brief vom 14. März dann doch geschlossen wurde: Liebe oder Berechnung, Hilflosigkeit oder Vernunft – vielleicht auch nur die Möglichkeit für die junge Frau, eine passende und gut abgesicherte neue Identität zu erwerben … unbeantwortet bleibt die Frage, warum Erik, ungeachtet des regen familiären Austauschs, der die Transaktionen zum Erwerb der Farm begleitete, seinen Eltern auch dann noch nichts von seiner Entscheidung erzählte, als die Trauung längst vollzogen war. Mutter und Sohn haben angesichts der weiten Entfernung ihre Briefe in chronologischer Reihenfolge nummeriert: am 8. Mai traf Eriks Brief No. VI in München ein: geschrieben am 8. April in Virorco, das erste Lebenszeichen aus dem neuen Zuhause. Von Mary und der Hochzeit offensichtlich kein Wort. Über diesen entscheidenden Schritt wurden die Eltern erst vierzehn Tage später, am 22. Mai, durch Brief No. IX informiert.

Fragen über Fragen, auf die es keine sicheren Antworten gibt. Wir wissen nur, dass Hedwig Pringsheim sich ein Jahr später für die Version einer von langer Hand geplanten Erbschleicherei entscheiden wird, die auch einen eventuellen Mord kaltblütig einkalkuliert habe.

Zunächst aber überwog auch bei ihr trotz aller Skepsis die Hoffnung, dass Eriks Leben nun doch noch eine Wendung zum Besseren nehmen könnte. Die Briefe aus Virorco klangen zufriedenstellend; die harte Arbeit schien die Zuversichtlichkeit der jungen Farmer nicht zu beeinträchtigen. Sie hatten einen tüchtigen *mayordomo* sowie fleißige und zuverlässige Farmarbeiter, sogenannte *peones*, gefunden. Und auch an die Einsamkeit hatten sie sich offensichtlich gewöhnt. Außerdem bedeutete ein «Estanciero» zu sein nicht, auf alle Annehmlichkeiten verzichten zu müssen: San Luis war mit dem Pferd in immerhin gut drei Stunden zu erreichen, und selbst Buenos Aires lag, dank einer Bahnverbindung, nicht völlig außerhalb der Welt. Jedenfalls war es möglich, dass sich Mary im November 1908 im dortigen deutschen Hospital einer Operation unterziehen und als Rekonvaleszentin im Phoenix Hotel zwei Wochen lang erholen konnte.

Auch Erik schien in San Luis genügend Entspannungs- und Vergnügungs-Möglichkeiten gefunden zu haben. Darauf deutet ein Notizbuch-Eintrag Hedwig Pringsheims von Mitte September 1908 hin, in dem sie von einem harten Brief nach Virorco spricht, der «wegen des Rennpferds» habe geschrieben werden müssen. Doch auch dieser Brief konnte, wie die weitere Entwicklung deutlich macht, die Katastrophe nicht mehr abwenden. Ab Anfang Januar 1909 trafen in München zunehmend alarmierende

Nachrichten ein. Eriks Brief No. XXIX und, vor allem, ein «langer, absolut trost- und hoffnungsloser von Mary» schilderten eine offenbar «ganz verzweifelte» Situation. Außerdem bat man erneut um finanzielle Unterstützung.

Über die Ursachen dieser Misere geben die neu aufgefundenen Berichte Auskunft, die Mary Pringsheim nach Eriks Tod an ihre Schwiegereltern schrieb. So scheint es, dass Erik bereits beim Kauf der Farm erheblich übervorteilt wurde. «Als ich kurz nach unserer Heirat […] auf die Estancia herauskam» – so ein Brief an Alfred Pringsheim vom 9. Mai 1909 –, «begriff ich zu meinem Entsetzen, wie unerhört der arme Junge hereingelegt worden war und wie er nichts, aber auch gar nichts von der Sache verstand» ... eine Behauptung, die die junge Frau 12 Tage später ihrer Schwiegermutter gegenüber wiederholte: Auf Vorwürfe wegen der unhaltbaren Zustände habe Erik ihr geantwortet: «Ich kann doch nichts dafür, dass man mich so reinlegte.»

In den Notizbuch-Aufzeichnungen Hedwig Pringsheims finden sich Hinweise, die Marys Behauptungen stützen und das Vertrauen zu den bisherigen Gewährsleuten, Funke und die

Vertreter der Firma Staudt, erschüttern. So ist im Eintrag vom 26. Januar 1909 – fünf Tage nach Eintreffen der Todesnachricht in München – zu lesen, dass Katia ihrer Mutter «Aufschlüsse über Funke» gab, «die», wie die Schreiberin kommentarlos notierte, «wenn wahr, entsetzlich wären, ganz furchtbar». Und am 15. Juli ist von einem Brief Funkes die Rede, «der sich gegen die Vorwürfe des Alfons Bruckmann verteidigt». Alfons Bruckmann – Verleger und langjähriger Bekannter der Familie Pringsheim – war argentinischer Generalkonsul in München. Mehr noch: Mary berichtet am 27. Februar 1909, Rechtsanwalt von Pannwitz habe ihr erzählt, dass Herr Krüger – der Staudt'sche Kompagnon – hinsichtlich des Preises von Virorco und der Erik in diesem Zusammenhang aufgebürdeten Verpflichtungen zu der vernichtenden Erkenntnis gekommen sei: «Es gibt in diesem Lande keinen anständigen Menschen.» Da kann man sich des Verdachts nicht ganz erwehren, die Firma Staudt und auch Funke hätten die Chance auf einigen Zugewinn für die eigene Kasse über ihre Sorgfaltspflicht gestellt, als sie Erik zum Kauf der weit überteuerten Farm überredeten und sie dann noch mit einer

Hypothek von 80 000 Papierpesos zugunsten von Alfred Pringsheim belasteten.

Ob die Mutter von dieser Belastung wusste, muss dahingestellt bleiben. Möglicherweise bezieht sich der von Funkes eventuellen Machenschaften sprechende Notizbucheintrag vom 26. Januar auf die Forderung einer Hypothekenrate: ebenjenes «Nichts» von 5000 Pesos, das Mary in einem Brief von Anfang März für Eriks Tod verantwortlich machte.

Doch wie auch immer – der einzige Grund für Eriks Scheitern waren diese Machenschaften nicht, denn schon bald wurde deutlich, dass der junge Estanciero – entgegen allen Versicherungen gegenüber Frau und Mutter – wieder seiner alten Leidenschaft für Pferdewetten und Glücksspiele frönte. Für den fanatischen und exzellenten Reiter war San Luis, die umtriebige Provinz-Hauptstadt, leicht erreichbar. Gründe für einen Besuch ließen sich jederzeit finden. In der Achtzigtausend-Seelen-Stadt gab es einen Bahnhof, Behörden, Advokaten, Ärzte, dazu jede Menge Bars und an Wochenenden Cuadreras, also Straßenpferderennen. Auch um sich mit den notwendigsten Dingen wie Seife oder geeignetem Schuhzeug zu versorgen, musste man nach San Luis reisen und nicht selten sogar die Nacht dort verbringen. Es ist also leicht vorstellbar, dass Erik Pringsheim von Zeit zu Zeit unter irgendeinem Vorwand dorthin aufbrach und erst, wenn alles Geld ausgegeben war, «abgebrannt» nach Hause zurückkehrte.

Die Briefe, mit denen Mary Pringsheim sich nach Eriks Tod bemühte, ihrer Schwiegermutter Gründe für die Katastrophe darzulegen, bestätigen diese Vermutungen. «Der Anfang zu all diesem ergibt eine mir vollkommen unbekannte Tatsache», steht in einem Schreiben vom 25. Januar, «das Spiel.» Erik habe sein Ehrenwort gegeben, dass er nicht jeue, deshalb sei sie den Gerüchten nicht weiter nachgegangen. Doch dann habe er gestanden, dass «das ganze letzte Geld bis auf wenige tausend Pesos» vergeudet und auch von den früheren Zuwendungen «vieles diesen Weg gegangen» sei. «Leicht hatte er es», so Marys Analyse, «er schützte Geschäfte vor und fuhr nach San Luis in den Club» – ein Tatbestand, den – wie sie zehn Tage später nach München berichtete – Funke offenbar noch einmal bestätigte: «Funke erzählte mir, dass es seit Monaten bekannt sei, dass mein armer Mann abgewirtschaftet hätte und auch stark gespielt; wir müssten darauf vorbereitet sein, dass hier noch Schecks in Umlauf sind.»

All dies erfuhr man in München erst, als Erik bereits tot war. Zunächst überwog – vermutlich zu Recht – das Gefühl, die Schwiegertochter verhalte sich angesichts einer erneuten wirtschaftlichen Misere klug, vernünftig und, vor allem, zukunftsorientiert. Noch Anfang Januar 1909 erwähnen Hedwig Pringsheims Notizen einen «sehr ausführlichen und sehr sympathischen Brief von Mary», den sie während eines Berlin-Besuchs erhielt und nach einem Gespräch mit Schwager Rosenberg an ihren Mann weiterleitete. Und Alfred zeigte sich, beeindruckt durch Marys Argumente und Vorschläge, tatsächlich bereit, ein weiteres Mal zu zahlen – obwohl Hermann Rosenberg für ein entschiedenes ‹Nein› plädierte.

Zu spät! «Das entsetzliche Telegramm», das Eriks «lebensbedrohlichen Unfall» meldete, traf am 22. Januar 1909 in München ein. Hedwig Pringsheim in Berlin erreichte die Botschaft wenige Stunden später. Sie fuhr sofort zurück. Am 23. morgens um 10 Uhr war sie wieder zu Hause. Alfred stand am Bahnhof. Er hatte inzwischen die Todesnachricht aus Virorco erhalten: «am 20. sanft entschlafen, 21. begraben.» Der Kommentar im Notizbuch besteht aus einem einzigen Wort: «— aus!»

Auch die Todesanzeige in den *Münchner Neuesten Nachrichten* vom 24. Januar 1909 war knapp formuliert: «Vor zwei Tagen starb auf seiner Besitzung in Argentinien unser geliebter ältester Sohn Erik Pringsheim an den Folgen eines Unglücksfalles.»

… auf seiner Besitzung in Argentinien: Zumindest im kargen Nekrolog kehrte der gescheiterte Sohn in den Kreis derer zurück, die es in der Ferne zu etwas gebracht hatten. Die folgenden Tage verzeichnen «Briefe von allen zuhaus, zallose, rürende freundliche Briefe». Sogar Kronprinz Rupprecht hatte geschrieben: anerkennende Worte, über die «sich Erik so gefreut hätte». Auch die Familie Mann bekundete Mitgefühl: «Beitisch Tommy's und die Kinder. Aißi sagt immerzu: Onkel Erik! Onkel Erik!» Für eine kurze Zeit durfte Hedwig Pringsheim noch einmal glauben, dass ihr Erik keinem Menschen Probleme bereitet hätte. Eine freundliche Illusion, der ein Telegramm von Mary jäh ein Ende bereitete. Die Schwiegertochter bat um die Kabelanweisung von zehntausend Mark, da die Beerdigung und dringende Schulden nicht hatten bezahlt werden können.

Und dann kamen – nach und nach – noch einmal Briefe von Erik selbst – Nachrichten eines Toten: mit Aufträgen, die niemals mehr erfüllt werden konnten. «Brief von Erik, der mich bittet, hinüberzukommen, um nach dem rechten zu sehen.» – So ging das über Wochen: «Brief von Erik vom 11. Januar, ganz heiter, mit Zukunftsplänen, one leiseste Hindeutung auf eine Katastrophe.» – Jeder Tag ein neuer Tod.

Mutmaßungen und offene Fragen

Am 20. Februar trafen endlich nähere Auskünfte über das schreckliche Ereignis in München ein. Es sei Strychnin gewesen, schrieb Mary. Erik habe sich vergiftet: «Er ist um 9½ angekommen, ganz vergnügt, [...] ging ins Schlafzimmer, wusch sich die Hände, nahm dort ein Strychninpulver und starb nach wenigen Minuten in meiner und eines Bekannten, der zu Besuch weilte, Gegenwart. Die näheren Gründe, wohl finanziell, erfahre ich morgen in S. Luis.»

Diese lakonische Mitteilung stand am Ende jenes Briefes, der – soweit erkennbar – zum ersten Mal ausführlich von Eriks leichtfertigen Machenschaften und den wahren Ursachen der wirtschaftlichen Katastrophe berichtete. Man muss annehmen, dass Mary das Schreiben beendet hatte, als Erik heimkehrte. Den letzten Absatz fügte sie dann – noch am gleichen Abend, aber erheblich später – unter dem Schock des Ereignisses stehend, hinzu. Zwei Tage später, am 22. Januar, übersandte sie der Schwiegermutter einen auf den 20. Januar datierten Brief von Erik, den sie in unter den für sie, Mary, bestimmten Papieren des Toten gefunden hatte. Er enthält das rückhaltlose Eingeständnis eines durch Spiel- und Wettschulden verursachten Totalbankrotts und artikuliert die Ängste vor den Folgen. Im äußersten Fall, hatte Erik geschrieben, wolle er sich sogar das Leben nehmen: «Ich kann unmöglich von Dir erwarten, dass Du mir verzeihst, dass ich Dich nun seit Monaten planmäßig (d.h. eigentlich schamlos) belüge und betrüge. Unser Bankguthaben in San Luis ist seit Anfang Dezember völlig aufgekauft. […] ich habe seither immer nur laviert.» Aber alle Sanierungs-Bemühungen seien ohne

93

Erfolg geblieben. Und da er wisse, dass er Mary in dem Moment, wo sie die Wahrheit erführe, verlieren würde, habe sein Entschluss festgestanden. Jetzt bitte er nur noch, «bis zu einer weiteren Klärung der Verhältnisse [...] keinem auf der Estancia» – weder dem Butler Alfredo von Köckritz noch dem Verwalter Guillermo Joseph und erst recht nicht dem zu Besuch weilenden gemeinsamen Freund Henry G. Mackay – das Geringste zu sagen, «um nicht spätere Ereignisse von vorn herein in dieser Beleuchtung erscheinen zu lassen» und ihm, Erik, «wenigstens einen leidlichen Abgang zu ermöglichen».

Mary hat diese Bitte ernst genommen. Sie zu erfüllen war – wie aus ihren Briefen nach München hervorgeht – nicht einfach, denn es gab Zeugen für einen Suizid, und der zuständige Arzt war offenbar nur mit Hilfe von 800 Pesos zu bewegen, als Todesursache «Herzschlag» zu attestieren. War es verwunderlich, dass die junge Witwe von einer «verzweifelten Bitterkeit» sprach, die sie – nicht zuletzt wegen des Ausbleibens jeglicher Unterstützung oder gar Anteilnahme vonseiten der Schwiegereltern – überfallen habe? Sicherlich nicht. Dennoch hinterlassen die Briefe aus Virorco, die dem

Unglück folgten, ein Gefühl des Unbehagens, das die Reaktionen aus Deutschland in anderem Licht erscheinen lässt. Vor allem die nicht unerheblich voneinander abweichenden Schilderungen von Eriks Sterben verwirren, auch dann, wenn man – im Gegensatz zu Hedwig Pringsheim – in ihnen keine Versuche sieht, einen Mord zu kaschieren.

Vier Tage nach Eriks Tod, am 25. Januar, teilte Mary aus einem Hotel in San Luis mit, dass sie es als ihre Pflicht erachte, den Eltern – dem durch Schweigen demonstrierten Desinteresse zum Trotz – von des Sohnes «letzten Stunden und der Lage hier in Virorco» zu berichten: «Es weist nämlich alles darauf hin – auch das, was er wenige Augenblicke vor dem Tode sagte – dass er mit seiner Vergiftung nur einen Schrecken einjagen wollte. Denn die Sachen, die der arme kleine Kerl hier gemacht hat und, vor allem, versucht hat, zu machen, sind, wie Sie es nennen würden, viel zu unlauter, als dass er sich so davonschleichen würde und seiner unglücklichen Witwe die ganze Bürde und Verantwortung überlassen hätte.» Zum Beweis analysierte die Schreiberin noch einmal Eriks «schreckliches Ende»: «Als ich ihn im Schlafzimmer mit einem Papier hantieren hörte, stürzte ich hin – was hast du getan? [...] Nichts, sagte er – ich habe seit zwei Wochen Strychnin bei mir und habe es soeben weggeschüttet. Ich wurde ohnmächtig, und bis er mich auf einen Stuhl geschleppt hatte und mich wieder zu mir brachte, müssen wenigstens zehn Minuten vergangen sein. Dann begann ich, nach dem verschütteten Papier zu suchen, er saß auf dem Bett und sagte: ‹Lumpelchen, Gutes, hab keine Angst, es war kein Strychnin›, und da find ich das Papier mit dem Rest und frag ihn: ‹wenn es also kein Gift war, kann ich es ja ruhig nehmen›, und er sagt: ‹ja›! Und wie ich ihn ansehe, sehe ich in seine todesverzerrten Züge und begreife. Im selben Moment schaffte man alles herbei; mich ließ er nicht fort und hielt mich, die vor ihm kniete, fest umklammert und sagte: ‹es muß sein, nur so kann ich retten. Lumpelchen, dib mich einen Tuss (so sprach er oft zu mir), ich hab dich so lieb›. Die Brechmittel, die Mackay und ich ihm einflössten, trank er gierig – sagte: ‹auf die Seite legen, auf die Seite legen› – brach ein wenig und sagte: ‹Gott sei Dank, die Krämpfe lassen nach, die Dosis war auch zu klein›. Ich versuchte, ihm die Stiefel auszu-

96

ziehen und er sagte: ‹nicht anrühren, es tut weh – Lumps, gib mir einen Kuss› – und starb mit seinem glücklichen Kinderlächeln. Glücklich, denn er meinte, ihm würde nichts geschehen, die Dosis wäre zu klein gewesen.»

Der Bericht klingt glaubhaft. Aber es existiert noch eine dritte Todes-Version, die Mary zwei Monate später den Schwiegereltern erzählte. Das Original dieses Briefes ist verschollen, den Inhalt aber hält Hedwig Pringsheim ihrer Schwiegertochter in einer großen, zwölfseitigen Abrechnung vom 14. Mai 1909 vor, in der sie – unter Berufung auf zahllose, penibelst aufgelistete Ungereimtheiten – Mary zumindest indirekt die Schuld am Tod des Sohnes gibt. «Am 29. März» – so Hedwig Pringsheims Rekapitulation – «erzählten Sie mir: ‹Nachdem Erik die Pferde besorgt hatte, empfing ich [gemeint ist Mary] ihn auf der Schwelle des Hauses mit den Worten: ‚Dummer kleiner Junge, was machst du für Geschichten?' Gegen seine Gewohnheit ging er wortlos an mir vorbei, ohne mir die Hand zu geben (also nicht ‚vergnügt'? [wie Mary am 20. Januar geschrieben hatte]). Ich legte ihm die Hand auf die Schulter, was ihm denn sei? Er schüttelte sie ab und sagte ‚nichts'; er geht ins

Schlafzimmer, ich lese ihm den Brief an Sie vor, er sagt nichts. Ich frage ihn, ob er glaube, dass die Eltern noch etwas geben werden, er, barsch: ‚Das weiß ich doch nicht'. Ich höre ihn mit Papier rascheln, achte aber nicht darauf, erst als ich ihn Wasser trinken und nicht ausspucken höre, stürze ich herein, ‚was hast Du getan?' Er: ‚nichts, ich habe Wasser getrunken'. Darauf setzt er sich zutisch und isst (Gänsebraten); dann geht er ins Schlafzimmer, und ich frage ihn wieder, was er habe, und er antwortet: ‚Ich trage seit 14 Tagen Strychnin bei mir, ich habe es fortgeworfen'. Ich wurde ohnmächtig, schlug mir die Knie auf, er trug mich aufs Bett (nicht auf einen Stuhl!), machte mir Kompressen, Köckritz sagt, es müsse mindestens ¼ Stunde gedauert haben; danach suche ich das Papier, finde es, er sagt, ‚es war Strychnin …'›» – «Die weitere Schilderung», so Hedwig Pringsheim, «entsprach dann annähernd dem zweiten Brief; nur von dem rührenden ‹dib mich einen Tuss› ist nie wieder die Rede.»

Am 30. März aber habe die Schwiegertochter ihrem Bericht neue Details hinzugefügt, die, an sich eher unbedeutend, ihre Schilderungen abermals als höchst unglaubwürdig enthüllten.

In dieser Version nämlich habe Mary erzählt, dass sie, «während Erik im Schlafzimmer ausführlich Toilette machte, das Pulver nahm, seine Kleider bürstete, das Haar kämmte», ihrem Mann «*vom Nebenzimmer! aus*» jenen Bittbrief nach München vorgelesen habe; ferner, dass Erik anschließend zum Essen gegangen sei, «mit Appetit Enten/Kalbsbraten» verzehrt, die Mahlzeit durch einen nochmaligen Gang ins Schlafzimmer unterbrochen, sich dann ein zweites Mal zu Tisch gesetzt, weitergegessen und schließlich, als Abschluss der opulenten Mahlzeit, noch ein von seiner Frau frisch zubereitetes Omelett verzehrt habe.

Derartige Ungereimtheiten zu glauben, könne man ihr beim besten Willen nicht zumuten, befand Hedwig Pringsheim empört: «Jeder Arzt, dem man das erzählt, wendet sich achselzuckend ab.» Außerdem sei Marys Behauptung von einem ‹Suicid aus Versehen› in höchstem Maße unglaubwürdig. «Strychnin nimmt man nicht zum Spaß!» – «Warum, warum erzählen Sie mir Dinge, die sich *so* nicht zugetragen haben können und sich so nicht zugetragen haben? Es gibt Erlebnisse, die sich mit grausamer, unerbittlicher Deutlichkeit dem Gedächtnis einprägen bis ins allergeringste Detail: zu diesen Dingen dürfte doch wohl der Selbstmord eines Mannes vor den Augen seiner Frau gehören! Warum sagen Sie mir nicht die Vorgänge so, wie Sie sie schaudernd erleben mussten?»

Ja, warum? – sichere Antworten gibt es nicht. Die Frage ist nur: Widersprechen sich die drei Versionen tatsächlich so sehr, wie man es in München behauptete? Könnte man – unvoreingenommen – nicht zumindest die beiden letzten auch als einander ergänzend lesen? Als Berichte einer Betroffenen, der sich die Erlebnisse erst nach und nach zu einem Bild zusammenfügen? Und ist es, was den ersten Brief angeht, wirklich so unglaubhaft, dass Mary, unter dem unmittelbaren Schock des Ereignisses, den Ablauf des Dramas mit Blick auf das Ende verkürzte: Ankunft – Gift – Tod? Sie schreibt, Erik sei «ganz vergnügt» gewesen – eine Aussage, die sicherlich nicht den Sachverhalt traf, aber die These von dem Suizid als Unglücksfall doch glaubhaft erscheinen lässt. Da irritiert die Zeitangabe: ‹er starb nach wenigen Minuten› schon mehr, denn das «Programm», das Erik den späteren Briefen zufolge vor seinem Tod noch absolvierte, hat gewiss mindestens eine knappe Stunde in Anspruch genommen. Allein Marys Ohnmacht dauerte 10 bis 15 Minuten, in denen Erik sich intensiv und offenbar ohne durch irgendwelche Vergiftungssymptome eingeschränkt zu sein um sie bemühte. Auch die wiederholten Berichte von den mit Appetit eingenommenen Mahlzeiten machen die erste Zeitangabe unglaubwürdig. Eriks Sterben muss, nach allem, was wir erfahren, mindestens 45 Minuten, vermutlich sogar ungefähr eine Stunde gedauert haben.

Vielleicht lassen sich zumindest die divergierenden Zeitangaben erklären, wenn man Eriks Aussage bezweifelt, er habe Strychnin genommen. Marys zweiter Brief enthält eine genaue Beschreibung von Symptomen, von denen einige nicht zu der behaupteten Vergiftung passen. Strychnin ist ein Nervengift, das über das Rückenmark die Muskeln affiziert. Die ersten Anzeichen einer Intoxikation treten im Allgemeinen nach einer halben Stunde auf und äußern sich in einem Muskelzittern und -zucken, das sich zu schweren, etwa eine Minute anhaltenden Gelenkkrämpfen steigern kann. Auch die Atemmuskulatur ist betroffen, sodass der Vergiftete unter Erstickungsanfällen und Angstgefühlen zu leiden hat, ehe er an Atemlähmung stirbt.

Davon ist in Marys Berichten nicht die Rede. Sie spricht sehr allgemein von Krämpfen und dem Tod nach ca. 45 bis 60 Minuten. Die angeblich eingeflößten Brechmittel hätten, so heißt es, eine Erleichterung gebracht. Das jedoch passt nicht unbedingt ins Bild einer Strychninvergiftung, während die Angst vor Berührung durchaus auf das Hauptsymptom Muskel- und Gelenkkontraktionen verweisen könnte. Außerdem erhoben Marys Schilderungen ja nicht den Anspruch einer medizinisch korrekten Beschreibung. Hier erzählte eine unmittelbar Betroffene, der es erst allmählich gelang, das Erlebte zeitlich nachvollziehbar zu ordnen. Zunächst waren nur jene Momente präsent, die sie unmittelbar und emotional berührt hatten; erst nach und nach, so nehmen wir an, sind ihr weitere Details bewusst geworden.

Und erst zu diesem Zeitpunkt kamen ihr Zweifel: Ungereimtheiten und nicht zu Eriks Charakter passende Verhaltensweisen, vielleicht auch das Bedürfnis, das Bild ihres Mannes in ihrer Seele zu retten, bestimmten sie, den

Suizid in einen Unglücksfall umzudeuten, der alle Beteiligten von Schuld freisprach und es ihr möglich machte, den Eltern in München Rede und Antwort zu stehen.

Doch die Frage «geplanter Suizid oder gescheiterter Hilferuf» wird sich nie beantworten lassen. Sicher ist hingegen: Marys Berichte lassen sich nicht unbedingt mit einer Intoxikation durch Strychnin in Verbindung bringen. Die Benennung des Gifts beruht allein auf der Aussage des Sterbenden, er habe Strychnin bei sich getragen. Die Obduktion der Leiche, die Hedwig Pringsheim später in München vornehmen ließ, ergab keinen Hinweis auf das auch über einen langen Zeitraum hin sicher nachweisbare Gift. So ist es denn auch vorstellbar, dass Erik ein anderes, nicht immer tödlich wirkendes und mit den damaligen Möglichkeiten bereits nach kurzer Zeit nicht mehr nachweisbares Mittel eingenommen hat – beispielsweise Kokain, einen damals in Südamerika leicht erhältlichen Stoff, dessen Gefahrenpotenzial noch nicht bekannt war und dessen toxische Wirkung auf das Herz-Kreislauf-System bei Erik Pringsheim durch einen Hitzschlag verstärkt wurde.

Beweisen lässt sich freilich auch diese Hypothese nicht. Was jedoch den weiteren Verlauf der Geschichte angeht, so sind wir uns – dank der neu aufgefundenen Korrespondenz zwischen Mary und ihren Schwiegereltern – sehr viel sicherer, denn aus diesen Briefen geht nun eindeutig hervor, dass die junge Witwe sich nach besten Kräften bemühte, ihr Tun im fernen Argentinien mit den Wünschen der Familie in München abzustimmen – obwohl man ihr das nicht leichtmachte.

Offensichtlich blockierte zumindest bei Hedwig Pringsheim das eigene Leid um den verlorenen Sohn jedes Mitgefühl für die junge Frau, der sie immer entschiedener vorwarf, Erik – durch die Androhung, ihn verlassen zu wollen – erpresst und schließlich in den Tod getrieben zu haben. Neidete sie ihr die Nähe zu dem Sterbenden? Fiel es ihr schwer, zu akzeptieren, dass Mary und nicht sie den Toten beerdigen durfte? Oder hatte der Schmerz angesichts des ihr lange Zeit unfassbaren Ereignisses sie – wie aus den Briefen an Maximilian Harden zu erschließen ist – starr, empathie- und kooperationsunfähig gemacht? Wie sonst ist es erklärbar, dass sie die Schwiegertochter ohne jede Nachricht ließ und ihr auch – zunächst jedenfalls –

die erbetenen Kosten für den Arzt, die Attestierung des Herzschlags auf dem Totenschein, den Sarg und die Begräbnisstätte verweigerte?

«Den in seinem Brief an mich erbetenen leidlichen Abgang habe ich ihm mit schweren Opfern ermöglicht», hatte Mary geschrieben, «sodass hier niemand denkt, dass er eines unnatürlichen Todes starb, außer dem Arzt, Herrn v. Köckritz, Mackay, Joseph und ich. Alle meinen Hitzschlag. Er ist vorläufig hier in einer Gruft beigesetzt, da ich Ihren Willen nicht wusste.» Und sie setzte hinzu: «Ich darf in Ihrem Mutterschmerz nicht versuchen zu trösten, aber bedenken Sie, dass neben Ihnen ein Wesen leidet, dass nichts und niemanden ausser ihm hatte.» Zwei Tage später wurde sie deutlicher: «Sie sind nicht hier und wissen nicht, *wie* unser Name hier geschleift wird. Ich tue bis zum letzten Punkt meine Schuldigkeit, wie ich immer zu meinem armen Mann tat. Wohin ich mich jetzt wenden, was ich tuen werde, weiß ich nicht, mit dem Winzigen, was ich habe, denke ich, was ich kann, für ihn.»

Hier wird deutlich, dass Deutsch nicht Marys Muttersprache war. Wenn ihre Briefe auch keine eigentlichen «Fehler» (selbst im Orthographischen nicht) aufweisen, so gibt es doch hin und wieder Formulierungen, bei denen Wortwahl und grammatikalische Konstruktion mehrere Auslegungen zulassen.

«Ich gehe von Virorco fort», heißt es im ersten ausführlichen Bericht nach München, «denn ich will nicht von seinen Eltern die Verantwortung haben, die die weitere Bewirtschaftung dieses Unglücksnestes mir brächte. Und da die Hypothek so ungeheuer, Inventar für kaum 10 000 P. da und die Sache kaum 30 000 P. wert – können Sie meine Lage sehen. Trotzdem ich nach hiesigem Recht ja die Besitzerin der Hälfte und mit Ihnen Erbin der zweiten bin, hat Eriks Witwe nicht einmal so viel, um sich den Luxus eines *ruhigen* Ausweinens und Ausruhens zu gestatten.»

Dennoch zeigen gerade diese ersten Briefe der Virorco-Herrin: Mary war eine Frau mit Selbstbewusstsein, die sich – aller Verzweiflung zum Trotz – zu behaupten und in prekärer Situation auch zu wehren wusste. Auf eine Anordnung aus München, was mit «der Leiche» zu geschehen habe, entgegnete sie: «Fink, Erik ist für uns doch keine Leiche. Er ist Erik!» Und mit der gleichen Entschiedenheit wehrte sie sich gegen Unterstellungen, die Hedwig Pringsheim hinsichtlich des Verhaltens der engsten Farm-Mitarbeiter gemacht hatte. «Ich muss Sie darauf aufmerksam machen», heißt es in einem sich zwischen der Artikulation unmittelbarer Betroffenheit und der Formulierung durchaus zwiespältiger Gefühle bewegenden Schreiben, «dass in dieser schweren Zeit unser Herr Joseph alle Widerwärtigkeiten so bereit auf sich nahm und sich mir in der aufopfersten Weise zur Seite stellt. Mit Geld können wir es nicht bezahlen, nur danken. Ebenso Köckritz und Mackay haben immenses Liebes geleistet.»

Mary vermochte aber auch, große Gefühle zu artikulieren, von denen schwer zu sagen ist, ob sie echt waren oder nur berechnend eingesetzt, wie die Pringsheims ihr später vorwarfen. Ein Brief vom 28. Januar, geschrieben aus San Luis, macht es – allem Pathos zum Trotz – schwer, an bloßes Kalkül zu glauben.

«Fink, sehr verehrter Fink, Wie können Sie mich hier nur so sitzen lassen, ohne ein Wort, ohne eine Frage – ich bin ja vollständig ratlos – hab doch mit so ehrlicher Not auf Credit meinen armen kleinen Mann begraben – Funke versagte mir das Geld und da bat ich wo anders und nun kann ich dem Mann, der es mir gab, die Summe nicht zurückgeben. Von meinem Schmuck kann ich kaum ein Teil der kleinen Schulden decken – muss doch Vieh verkaufen, muss die Leute wegschicken. Ich kann nicht mehr weiter. Ich selbst werde verrückt – ich war zwei Tage jetzt in Virorco und man hat mich mit Gewalt fortgeschleppt – mein Mann, mein Mann hat sich ohne jeden Grund (denn was ist Geld!) und nicht gewollt in meiner Gegenwart das Leben genommen – ja verstehen Sie, die ihn doch liebt, Sie, seine Mutter, nicht, was mit mir vorgeht? Wenn auch Sie, die doch wissen, was Erik und ich immer gewesen sind, wenn Sie sich nun von mir wenden – warum? Ich habe getan, was in eines Menschen Macht steht. Das sagte mir selbst unser Joseph: «Gnädige Frau, ohne Sie wäre es noch schlimmer und früher gekommen – aber er wollte es ja nicht tuen – nur erschrecken – und nun ist er schon 8 Tage fort – wie wollen Sie den beigesetzt haben. Jetzt liegt er in einer *fremden* Gruft – wenn Sie ihn gesehen hätten – so friedlich und ruhig – er dachte ja nicht, dass es ernst wäre.»

Jetzt endlich reagierte Hedwig Pringsheim.

Sie ließ die Schwiegertochter wissen, dass die Familie sie in München erwarte, und ordnete zugleich die Exhumierung und Überführung von Eriks Leichnam nach Deutschland an. Der Text des Telegramms war kurz, fast gnadenlos: «Willkommen. Leiche überführen.»

Die junge Witwe traf am 23. März mit der *Cap Blanco* in Hamburg ein; fünf Tage später empfing die Schwiegermutter sie am Münchner Bahnhof: «one große Erschütterung», wie sie notierte, «da Mary kül und sachlich.»

Ein merkwürdiger Eintrag von einer Frau, der es, was ihre schriftlichen Äußerungen anging, im Allgemeinen nicht eben schwerfiel, ihren Gefühlen differenziert und nicht selten pathetisch Ausdruck zu geben. Was war geschehen?

Nun, auch hierüber gibt das Notizbuch jedenfalls in Stichworten Auskunft: Ein Rechtsanwalt namens Pannwitz hatte während seines Aufenthalts in Buenos Aires mit Mary Pringsheim im gleichen Hotel gewohnt und war dort zum unfreiwilligen Zeugen eines der traurigen Situation ganz und gar unangemessenen Verhaltens der jungen Frau geworden, von dem er umgehend nach München berichtete.

Walter Sigismund Emil Adolf von Pannwitz,

bis 1910 in München wohnhaft, war ein guter Bekannter der Pringsheims – ein exzellenter Strafverteidiger und Bewunderer der schönen Künste, vor allem niederländischer Provenienz. In zweiter Ehe hatte er 1908 Catalina Roth geheiratet, deren ererbte, 37 000 Hektar große argentinische Rinderfarmen er mit souveränem Geschick vor der Verschuldung bewahrte. Als unermesslich reicher Sammler ging Pannwitz in den europäischen Auktionshäusern ein und aus – ein Kunde, vor dem man sich in London so gut wie in Amsterdam verneigte.

Kurz vor dem Ersten Weltkrieg übersiedelte das Ehepaar nach Berlin. Das Areal für sein prächtiges Palais hatte der Anwalt von Carl Fürstenberg erworben, und man erzählte sich, dass selbst der Kaiser häufig das Haus in der Brahmsstraße besuche, um Frau Catalina seine Aufwartung zu machen. Das Volk drückte sich drastischer aus – ohne freilich Beweise für eine Liaison zu haben.

Am Ende des Ersten Weltkriegs folgten Herr und Frau von Pannwitz Ihrer Majestät nach Holland. Die Meister des Goldenen Zeitalters lockten den Sammler. Pannwitz war mächtig, ingeniös und hoch angesehen bei Freund und

Feind, aber auch umstritten. An Frank Wedekinds Verurteilung zu einer – freilich nur kurzen – Haftstrafe auf der Feste Königstein soll er nicht unbeteiligt gewesen sein.

Das Ehepaar Pannwitz lebte viele Jahre abwechselnd in Argentinien und Deutschland, sodass es sich anno 1909 angesichts der Schreckensnachricht aus Virorco für die Pringsheims anbot, den gewieften Juristen um Hilfe zu bitten. Die Antwort des Anwalts traf drei Tage vor Marys Ankunft in München ein und fiel erwartungsgemäß nicht sehr ermutigend aus: «Langer Brief von Pannwitz aus Buenos Aires mit miserablen Geschäftsauskünften», notierte Hedwig Pringsheim am 25. März.

Doch damit nicht genug; Pannwitz hatte seiner Beurteilung noch ein persönliches Wort über Charakter und Benehmen der Schwiegertochter hinzugefügt, das Hedwig Pringsheims Einstellung zu der jungen Frau dramatisch veränderte: «In dem Schreiben stand, dass man sie, deren recht kluge, recht sympathische eigene Briefe sie als schmerzgebeugte, elende, kranke, totunglücklich Frau darstellten, im Hôtel ‹die lustige Witwe› heiße, und es stand noch vieles, was geeignet war, eingeschlummerte Verdächte wieder aufzuwecken», schrieb sie noch Wochen später an Maximilian Harden.

Drei Tage nach dem Eintreffen des Briefes kam Mary in München an. Sie bemerkte offenbar zunächst nichts von der veränderten Atmosphäre, sondern erzählte «vieles aus ihrem früheren Leben», redete «über Erik» und die Farm. Schließlich vertraute sie der Schwiegermutter an, dass sie sich schwanger glaubte. Doch Hedwig Pringsheim blieb skeptisch: «Widersprüche, fatale Widersprüche! Ich, auch Alfred immer misstrauischer.» – «Mary markirt Trauer, da heute ihr Hochzeitstag», hieß es am 1. April. «Außerdem markirt sie ‹gute Hoffnung›.»

Als allerdings durch einen Brief aus Virorco bekannt wurde, dass Rechtsanwalt Pannwitz im Auftrag der Pringsheims den Aufseher Joseph verhört hatte, konnte die junge Frau ihre Empörung nicht unterdrücken: «Aufregende Scene mit Mary, die einen Brief von Joseph erhalten hat, der ihr Mistrauen erweckte.» Kein Zweifel, die Stimmung war fortan so gereizt, dass alle Beteiligten aufatmeten, als Sohn Peter seine Schwägerin wenige Tage später zum Zug nach Berlin brachte, wo Hedwig Pringsheim vorsorglich einen Privatdetektiv engagiert hatte.

In München war inzwischen die Nachricht aus Buenos Aires eingetroffen, dass am 10. März «a case, containing the body of the late Mr. Pringsheim» in Rosario an Bord der *Ashmore* aufgenommen worden sei. Das amtliche Schreiben war an Mary gerichtet, doch Hedwig behielt es für sich und telegraphierte an Pannwitz, dass er «unter allen Umständen» die Schwiegertochter von München fernhalten möge. «Wir haben sie hingehalten und hingehalten weil wir sie bei der Feuerbestattung nicht sehen wollten», schrieb sie später an Maximilian Harden. «Erik ist auch, one dass sie es weiß, secirt worden; aber es kam nichts heraus, was in Widerspruch zu den Aussagen der Frau gestanden hätte.» Doch der Verdacht blieb bestehen, zumal Mary, wie Hedwig Pringsheim schrieb, zugegeben hatte, Erik «bei der Heimkehr, vor seinem Tode, eine furchtbare Scene, mit brutalen, rohen Beschuldigungen gemacht zu haben.»

Da war es nur konsequent, dass die Mutter, nachdem die *Ashmore* mit ihrem toten Sohn am 28. April in Hamburg angekommen war, die sofortige Überführung des Sarges ins Pathologische Institut München anordnete. Dort überwachte ein Freund der Familie, Professor Hahn, persönlich die Obduktion. Am Morgen nach der Ankunft des Leichnams hatte sich Hedwig Pringsheim noch einmal bemüht, ihren Sohn zu sehen. Aber Erik war bereits «aus dem Sarg herausgenommen». Doch die Leichenfrau erzählte, dass er genau so gekleidet gewesen sei, wie es Mary geschildert hatte. Auch habe man keinerlei Spuren einer Gewaltanwendung erkennen können. «So hat sie ihn also nicht direkt gemordet», wird die verzweifelte Frau wenig später an Harden schreiben. Und dennoch: «Sie hat ihn in den Tod getrieben. Nach meiner Überzeugung absichtlich in den Tod getrieben. Auf die einfachste Formel reducirt, stellen sich die Vorgänge so dar: sie hat ihn aus Spekulation geheiratet, eingefangen; die Spekulation ist missglückt und sie musste ihn loswerden. Da hat sie ihn dann hineingehetzt – Eifersucht, berechtigte Eifersucht muss auch mitgespielt haben – da ist ein Engländer, der verhängnisvoll war. Die Briefe der Frau an uns waren klug ersonnen, gut durchgefürt; sie selbst ist in aller Raffinirtheit dumm, oberflächlich, nicht fähig, eine Rolle durchzufüren. Nach einer Stunde hatten wir sie durchschaut. Eine Kokotte, die möglichst viel Geld von uns ‹herauszuschlagen› hoffte.»

War es wirklich so? Mary selbst hat in einem großen Brief an Alfred Pringsheim, mit dem sie die von Pannwitz formulierten Vorwürfe der Familie Punkt für Punkt zurückwies, ihre Unschuld beteuert. Ihre Argumente überzeugen. Und auch das, was wir sonst noch in Erfahrung bringen konnten, spricht gegen die Unterstellungen aus München: Im Körper des Toten hatte man «keinerlei Spuren von Gift» gefunden, und die Reste des sorgfältig in Papier gewickelten weißen «Strychnin»-Pulvers, mit dem sich Erik, wie Mary im ersten Schrecken annahm, selbst umbrachte, stammten, wie die Münchner Chemiker feststellten, von einem harmlosen Pflanzenschutzmittel – ein Befund, der zwar die Hypothese eines geplanten Suizids stützt, aber keinen Aufschluss darüber gibt, ob Erik sein Leben wirklich beenden oder nur um Hilfe rufen wollte.

Auch für ein Komplott von Mary und ihrem Freund Mackay gab es keine Beweise, die Angestellten auf der Farm hegten, wie aus den Befragungen von Rechtsanwalt Pannwitz hervorging, offenbar keinen Verdacht, und der Nachruf auf einen gewissen «Eric Pringskien», der am Tag nach der Beisetzung in San Luis, am

23. Januar 1909, in der dortigen Tageszeitung *La Reforma* erschienen war, wäre vielleicht nicht gar so hymnisch ausgefallen, wenn irgendwelche Gerüchte über ein Leben zu dritt in Virorco kursiert hätten. In Übereinstimmung mit dem Befund, der auf dem Totenschein vermerkt ist, gibt dieser Artikel als Todesursache «Hitzschlag» an, eine Diagnose, die durch die nachfolgende Beschreibung des Geschehens, den scharfen Ritt eines etwas korpulenten Mannes im heißesten Monat des Jahres und zu einer Tageszeit, da die Sonne am höchsten stand, absolut glaubwürdig wirkt.

«Am 21. dieses Monats wurde Herr Eric Pringskien, ein angesehener Nachbar, auf dem Zentralfriedhof beerdigt. Er starb auf seiner Estancia del Virorco in den letzten Stunden des vorhergehenden Tages an den Folgen eines schweren Hitzschlags oder Sonnenstichs.

Herr Pringskien war, nach dreitägigem Aufenthalt in San Luis, am 20. Januar um drei Uhr nachmittags nach einem Ritt durch die tödliche Hitze, die an diesem Tage herrschte, auf seine Farm zurückgekehrt. Die Folgen dieser Anstrengung ließen nicht lange auf sich warten. Alle Bemühungen seiner Frau und seiner

Freunde, die ihn zuhause erwartet hatten, blieben vergeblich. Am Abend noch brachte ein reitender Bote den Stadtoberen [in San Luis] die Nachricht von seinem Tod.

Am nächsten Tag überführte Pringskiens Frau Maria in Begleitung der Herren C.G. Mackay, Alfredo Kochrepz und Guillermo Joseph den Toten hierher nach San Luis.»

Auch in der – bei einem Nachruf freilich unabdingbaren – Laudatio auf den Verunglückten findet sich nichts, was in Widerspruch zu dem anderweitig Erschließbaren interpretiert werden oder gar Argwohn wecken könnte: «Pringskien war deutscher Abstammung und gehörte einer der bedeutendsten Familien dieses befreundeten Landes an. Sein Vater, Dr. Alfred Pringskien, ist Professor an der Universität München. Sohn Eric kam vor etwa drei Jahren nach Argentinien, und nach dem er einige Praktika absolviert und das Leben auf verschiedenen wichtigen Farmen der Provinz Buenos Aires kennen gelernt hatte, entschloss er sich, die Farm Virorco zu kaufen, wo er etwa 130 000 Pesos investiert hat. Unter seiner fortschrittlichen Leitung hat sich Virorco gut entwickelt und ist zu einer der wichtigsten Farmen unserer Provinz geworden, vor allem durch seine Bemühungen um eine Verbesserung der Qualität verschiedener Viehrassen.»

Der Mary gewidmete Schlussabsatz des Nachrufs zeigt, dass die junge Frau in Virorco, anders als auf dem Standesamt in Buenos Aires, sich wieder ihrer Identität als Maria Barska erinnert hatte und sich «Maria Pringsheim-Barska» nannte. «Pringskien hinterlässt eine junge Frau, eine Tochter Polens, Maria Zarka de Pringskien, mit der er sich vor kaum einem Jahr verheiratet hatte.» Im Nekrolog erscheint sie fast wie eine Frau von Adel, «gut erzogen und kultiviert kämpft sie in diesen traurigen Tagen mit der ganzen Energie und Beherrschtheit, die ihre Rasse auszeichnen. Sie bittet uns, den ihr verbundenen Mitgliedern dieser Stadt ihren Dank für die Aufmerksamkeiten auszusprechen, die ihr in diesen schwersten Momenten ihres Lebens zuteil wurden.»

Kein Zweifel, rund um Virorco hatte es Mary zu Ansehen gebracht. Für Hedwig Pringsheim in München aber blieb sie eine Erbschleicherin, eine Hure, ja, eine Mörderin. Dass keine der in Sachen Mary unternommenen Untersuchungen Alarmierendes zutage gefördert hatte, konnte die Schwiegermutter nicht von diesem Verdacht abbringen. Und so sah sie sich denn auch uneingeschränkt im Recht, als sie der Witwe die Teilnahme an Eriks Verbrennung und die Ansprüche auf seine Asche verweigerte. Es blieb Alfred Pringsheim und dem Geschick von Rechtsanwalt Pannwitz überlassen, schließlich einen Kompromiss auszuhandeln, der vorsah: Erlass der auf Virorco lastenden Pringsheim'schen Hypothek in Höhe von 80 000 Pesos gegen den endgültigen Verzicht auf Eriks sterbliche Überreste. Wäre Marys Schuld so evident gewesen, wie es Hedwig Pringsheim bis an ihr Lebensende behauptete, hätte es diesen für das Überleben der jungen Frau in Argentinien unerlässlichen Handel bestimmt niemals gegeben. Mary mag jung, leichtlebig, eine Bigamistin, vielleicht sogar «eine Kokotte» gewesen sein – eine Mörderin und Erbschleicherin war sie wohl nur in der Phantasie der ehemaligen Meininger Schauspielerin, die ohnehin dazu neigte, die Grenzen zwischen Realität und Illusion zu verwischen.

Dennoch ist es ergreifend, mit welcher Energie die Mutter versuchte, den Sohn jetzt, da er tot war, heimzuholen. Damals, in Buenos Aires, hatte sie ihn zurücklassen müssen. Aber er hatte sich nicht behaupten können in der Ferne, ohne sie. Und die fremde Frau hatte sich als unfähig erwiesen, ihm eine Heimat zu schaffen. Jetzt war er wieder zu Hause. Die Mutter hatte ihn heimgeholt und war entschlossen, ihn künftig mit niemandem mehr zu teilen. Sie hatte ihn obduzieren lassen – ohne Wissen jener Frau, vor der sie auch die Trauerzeremonie im Ulmer Krematorium geheim hielt. Sie wollte mit ihren Erinnerungen allein sein in jenem Augenblick, da «nach einer ganz kurzen, nur durch Orgel markierten Feier meines Eti Sarg langsam versank».

Die nächsten Wochen müssen grauenhaft gewesen sein: Noch immer galt es, «verfängliche Fragen» von Ämtern zu beantworten, die Stellungnahmen zu dem Verdacht einforderten, Erik sei eines gewaltsamen Todes gestorben. Und dann die Post! Die an Erik gerichteten Briefe, eine Einladung des Oxforder Balliol College, «neue Enthüllungen» über Marys Vorleben, die jedoch keinerlei Erkenntnisse brachten; schließlich der Obduktionsbefund – zusammen mit Eriks goldener Armbanduhr, die man dem Toten gelassen hatte.

Am unerträglichsten für die Mutter aber waren die zahlreichen Briefe von Mary zum Problem Virorco. Die Schwiegertochter hatte offenbar erwogen, die Farm zu verkaufen und in Berlin einen «Salon» einzurichten – ein Plan, der Hedwig Pringsheim heftig erzürnte, ohne dass recht einzusehen wäre, warum. Hatte sie geglaubt, das Geld würde nach München zurückfließen? Auch die Vorstellung, dass Mary die Farm allein oder gar mit Hilfe ihres tüchtigen Verwalters und des immer wieder erwähnten Herrn Joseph fortführen könnte, quälte sie. Für die von Albträumen gepeinigte Mutter gab es nach Eriks Tod kein Virorco mehr. Der Ort, den sie nie gesehen hatte, war ihr nur als Lebensraum ihres Sohnes wichtig gewesen. Jetzt aber war der Junge tot und zu ihr nach Hause zurückgekehrt. Die fremde Frau war nicht befugt, Virorco so weiterzuführen, als sei Erik noch bei ihr.

Doch Mary war Eriks Alleinerbin. Sie würde Herrin der Farm sein, wenn es nicht gelänge, ihre Ansprüche anzufechten. Dazu aber fühlte sich Hedwig Pringsheim nach allem, was geschehen war, nicht mehr in der Lage. Sie brach abrupt jede persönliche Verbindung zu Mary ab und überließ es Walter von Pannwitz, die Verhandlungen mit der Schwiegertochter zu führen.

Mehr wissen wir nicht. Ein Grundbucheintrag in San Luis zeigt, dass Virorco, auf dessen Grund und Boden sich, wie das Dokument erwähnt, auch eine Kupfermine befand, bis zum August 1920 in Marys Besitz blieb. Die Verkaufsurkunde ist auf den 24. August 1920 datiert und besagt, dass «die Witwe Maria Erlich als einzige und universelle Erbin von Erik Pringsheim» die Farm samt Mine zum angegebenen Datum über die Nationale Hypothekenbank für 29 300 Pesos Papier – also etwa 100 000 deutsche Vorkriegsmark – verkaufte.

«… die Witwe Maria Erlich»: Immer wenn es offiziell wurde, besann sich Mary auf ihren Mädchennamen. Sie verkaufte die Estancia nicht als «Pringsheim» und nicht als «Barska». Warum? Nun, eine Maria Barska war – zumindest in Argentinien – nirgendwo gemeldet. Und was «Maria Pringsheim» betrifft, so wird sich die Schwiegermutter wohl durchgesetzt haben mit ihrem Verlangen nach einer strikten Trennung von Virorco und dem Namen ihres Sohnes. Vielleicht hatten die Pringsheims sogar die von Peter de Mendelssohn berichtete «Aberkennung» des Namens durchgesetzt, oder Mary hatte von sich aus den Namen abgelegt, weil sie eine neue Verbindung eingegangen war, die sie hinderte, die Farm unter dem Namen Pringsheim zu verkaufen. Sichere Antworten gibt es nicht.

Familienbilder

Die Mann-Kinder und, in ihrem Gefolge, der Biograph Peter de Mendelssohn berichten übereinstimmend, Mary habe irgendwann nach Eriks Tod ihren Verwalter C.G. Mackay geheiratet, jenen Mann also, mit dem sie – nach Ansicht der Familie – bereits zu Eriks Lebzeiten ein Verhältnis unterhielt. Nach dem Verkauf der Farm sei das Ehepaar dann nach England übergesiedelt. Beweise für diese These ließen sich allerdings nicht finden; doch erhärtet der Grundbucheintrag diese Vermutung. Und auch wir halten sie – allerdings ohne die dramatische Ausschmückung, die ihr die Fama angedeihen ließ – für stimmig.

In den Notizbüchern der Schwiegermutter

jedenfalls wird Mary nur noch im Zusammenhang mit komplizierten Auseinandersetzungen erwähnt, die zu führen Hedwig Pringsheim vollständig Herrn von Pannwitz überließ. Sie hatte die Frau aus ihrem Leben verbannt – «ausgestrichen», so gut es eben gehen wollte. Sie stand ihr im Wege auf der Suche nach dem verlorenen Sohn, die jetzt ihren Lebensinhalt bildete.

In den Notizbuchaufzeichnungen immer nur Erik, Erik, Erik:

28. Mai 1909: *Eriks Briefschaften aus seinem Schreibtisch durchgesehen und verbrannt.*

30. Mai: *Eriks Briefe an Emma gesichtet.*

1. Juni: *Eriks Briefe vor und nach Tisch.*

13. Juni: *Bei Erik gekramt.*

15. Juni: *Eugenie einen Becher von Erik als Andenken gebracht.*

22. Juni: *Mit Photographien von Erik zu Bruckmann.*

28. Juni: *Nachmittags Eugenie, die mir Erik merkwürdig stimmendes ‹Horoskop› brachte.*

8. Juli: *In Eriks Briefen gelesen.*

31. Juli: *Beim Tee Eugenie, die mir Eriks rosenbekränzte Photographie auf den Schreibtisch gestellt hatte.*

9. August: *Eriks Briefe des letzten Jahres gelesen.*

8. September: *Ins Bruckmanngeschäft, Eriks Bild besichtigt.*

10. September: *Mit Walter Rathenau bei Sternenschein lange im Garten spaziert, über Erik gesprochen.*

Am 29. Oktober 1909, drei Tage vor Allerheiligen, war das säulenumstellte Familien-Grabmal fertiggestellt, das Alfred auf dem Waldfriedhof hatte errichten lassen. Das Ehepaar holte die Urnen des Sohnes und der alten Pringsheims, Alfreds Eltern, aus den Räumen des Feuerbestattungsvereins und brachte sie ins neue Columbarium. «Ich habe Erik selbst hineingetragen», schrieb Hedwig später. Am nächsten Tag fuhren sie noch einmal hinaus. Gärtner ließen die Bronzeplatten in die Wände ein und bedeckten den Platz mit Moos.

Der Winter kam früh; schon im November schneite es. Aber Hedwig Pringsheim war versöhnt: «Das Grabmal im tiefen Schnee von ergreifender Schönheit.» Sie hatte endlich einen Ort, an dem sie ihren verlorenen Sohn wiederfinden konnte.

Langsam kehrte sie ins Alltagsleben zurück, in dem nun auch Erik seinen Platz hatte. Ein festes Gedenkritual bestimmte zukünftig das Jahr: Am Geburts- und am Todestag sowie am Morgen des 24. Dezember und zum katholischen Allerheiligenfest fuhr die Mutter auf den Waldfriedhof und brachte ihrem Sohn Blumen, Zweige und Kränze. Bei schönem Wetter ging sie einen großen Teil des weiten Weges zu Fuß. Sie liebte diese Besuche, und auch die vielen Menschen, die sich vor allem an den katholischen Feiertagen zwischen den Gräbern bewegten, störten sie nicht. Sie reihte sich gern in eine Schar der Trauernden ein, denen sie sich in solchen Augenblicken nah fühlte.

Natürlich ging Hedwig Pringsheim auch an anderen Tagen auf den Friedhof. Vertrauten Besuch führte sie häufig zu Eriks Grab. An den besonderen Gedenktagen aber fuhr sie gern allein oder – am liebsten – mit Tochter Katia hinaus, die ihr die Nächste war. In der Zeit nach 1933, als die Manns emigriert und Begegnungen zwischen Mutter und Tochter in Deutschland unmöglich geworden waren, hat sie ihr von den einsamen Friedhofsbesuchen geschrieben.

Für den Todestag ihres Jungen hatte sich Hedwig Pringsheim noch ein weiteres Gedenkritual geschaffen. Nach dem Essen zog sie sich zurück, las in Eriks Briefen und Papieren und überließ sich beim Anschauen der alten Fotos für einen Abend den Erinnerungen. Doch auch diese ihr so liebe und hilfreiche Gewohnheit nahm man ihr 1933. Als das Palais Pringsheim den sogenannten Führerbauten weichen musste, sahen sich die beiden alten Leute gezwungen, die zigtausend Briefe und Schriftstücke, die sich im Laufe ihres Lebens angesammelt hatten, zu verbrennen, damit sie nicht Unbefugten in die Hände fielen.

Immerhin, fast ein Vierteljahrhundert lang konnte Hedwig Pringsheim mit ihrem verlorenen und wieder heimgeholten Sohn im vertrauten Ambiente der Arcisstraße leben. Es hat den Anschein, als wäre sie nicht die Einzige im Familienkreis gewesen, für die der Tote gegenwärtig blieb. Auch die Geschwister Eriks und selbst sein Schwager Thomas sprachen viel von ihm und seinem für sie immer noch skandalumwitterten Ende. «Unterhaltung mit Peter Pringsheim und Katia über den Tod ihres Bruders und das zu mutmaßende Verbrechen», notierte Thomas Mann noch zwölf Jahre nach dem schrecklichen Ereignis, am 16. April 1921, in sein Tagebuch.

Wenn auch nichts beweisbar war, die Verwandtschaft – und ihnen folgend Biograph Mendelssohn – blieb der Überzeugung, Erik sei «durch einen Reitunfall, an dem der Gutsverwalter und seine Geliebte, Erik Pringsheims untreue Ehefrau, nicht unschuldig waren, ums Leben gekommen».

«… nicht unschuldig»: es ist durchaus möglich, dass diese abschließende und sehr vorsichtige Formulierung erst im Laufe der Zeit, vielleicht sogar erst nach einer juristischen Intervention gewählt wurde. Zwar wird Marys Untreue nach wie vor als Tatsache behandelt – vielleicht gab es ja auch wirklich Beweise, die heute verloren gegangen sind –, die Behauptung aber, dass sie die Mörderin ihres Mannes sei, wird nun abgemildert: «nicht unschuldig» eben.

Die Vermutung, dass diese Abschwächung juristisch erzwungen worden sei, wird verstärkt durch eine Beobachtung des Klaus-Mann-Biographen Fredric Kroll, der annimmt, in der englischen Ausgabe von Klaus Manns Erinnerungen *Der Wendepunkt* habe eine Passage gestanden, die – einer Darstellung von Erika Mann zufolge – gestrichen werden muss-

1 *Hedwig Pringsheim und ihre fünf Kinder auf der Gartentreppe des Palais in der Arcisstraße, München. Ganz links: der älteste Sohn Erik*

2 *Alfred Pringsheim* 3 *Hedwig Pringsheim*

4 *Die fünf Pringsheim-Kinder, rechts Erik*

5 *Erik Pringsheim mit seinen Geschwistern,*
rechts die Zwillinge Katia und Klaus

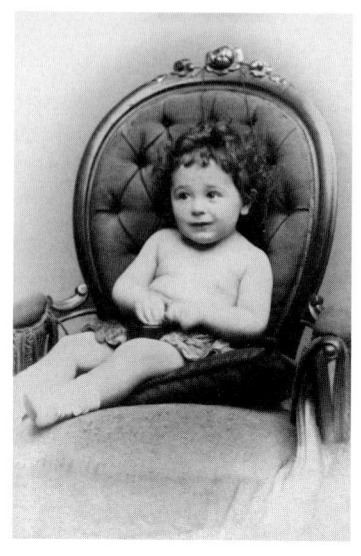

6 *Erik Pringsheim, 1881*   7 *1882*

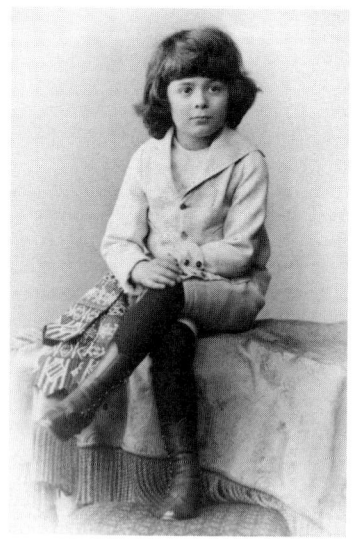

8 *1887*   9 *1891*

10 *Als Student in Oxford*

11 *Erik Pringsheim in Uniform*

Certificado de arribo a América

ERICH PRINGSHEIM
*de Nacionalidad **ALEMANA***
*procedente de **LA PALLICE**,*
*llegó a **BUENOS AIRES***
el 31 de Julio de 1905
*en el buque **ORAVIA***

Sus datos de origen son : EDAD : *27 años*
Estado Civil : *SOLTERO*
Profesión : *NEGOCIANTE*
Religión : *PROTESTANTE*

12 *Dokument über Eriks Ankunft in Argentinien*

13 *Der Hafen von Buenos Aires,*
Anfang des 20. Jahrhunderts

14 *Erik Pringsheim in Argentinien*

11. Januar.

Sammle Dich zu jeglichem Geschäfte,
Nie zersplittre Deine Kräfte!
Theilnahmvoll erschliesse Herz und Sinn,
Dass Du freundlich Andern Dich verbindest; —
Doch nur da gieb ganz Dich hin,
Wo Du ganz Dich wiederfindest!

Bodenstedt.

Cap Arcona, 20. 11. 1907

[handschriftlicher Tagebucheintrag]

15 *Die erste Seite von Hedwig Pringsheims
Reisetagebuch*

Länge . . . . . . 145,20 m
Breite . . . . . . 16,10 m
Tiefe . . . . . . 9,60 m
Brutto-Tonnengehalt 9400 Tons
Maschinen . . . 7400 P. S.

Hamburg-Süd-Amerika-Linie. — P.-D. „Cap Arcona"

16 *Die «Cap Arcona»*

17 *Der Konversations-Salon*

18 *Kapitän Langerhannsz*

19 *Straßenszene aus Buenos Aires,*
nahe der Plaza de Mayo

20 *Gesellschaftliches Leben in der*
argentinischen Hauptstadt

21 *Prospektbilder der Andenreise: Eisenbahnbrücke über den Aconcagua-Fluss ...*

22 *... und: Tal des Flusses Las Cuevas*

23 *Rodolfo Funke*

24 Die Heiratsurkunde von Erik und Mary Pringsheim. Ein Foto von Eriks Ehefrau ist nicht erhalten.

25 *Aufnahmen aus dem Jahr 2006: der Bahnhof von San Luis*

26 *Keine Durchfahrt nach Virorco*

27 *Die Estancia in Virorco: letzte Station einer Verbannung*

28 *Der verlorene Sohn in Argentinien*

Todes-Anzeige.

Vor zwei Tagen starb auf seiner Besitzung in Argentinien unser geliebter ältester Sohn

Erik Pringsheim

an den Folgen eines Unglücksfalles

München, den 23. Januar 1909.

Prof. Dr. Alfred Pringsheim
Hedwig Pringsheim, geb. Dohm
zugleich im Namen der übrigen Hinterbliebenen.

29 *Todesanzeige in den «Münchner Neuesten Nachrichten»*

te, weil «die Witwe Erik Pringsheims nach dem Erscheinen des Turning Point mit einem Prozeß wegen Verleumdung drohte». Liest man die inkriminierte Stelle, so zweifelt man nicht, dass zumindest diese Aussage von Erika Mann den Tatsachen entspricht.

«Keiner konnte voraussehen», hatte Klaus Mann geschrieben, «dass Erik die Torheit begehen würde, dort drüben eine fragwürdige Dame zu ehelichen, deren Interesse hauptsächlich seinem geräumigen Gut und dem feschen Hausdiener galt, den sie ihm aufdrängte. Wer weiß, was sich tatsächlich abspielte unter diesen drei Menschen – dem Onkel, seiner Gattin und dem südamerikanischen Hausdiener – vollkommen allein in einem weiten wilden Land? Fest steht, dass das einheimische Paar den Fremden hinters Licht zu führen wusste. Irgendwie verschwand er und verstarb.»

Nun, lassen wir diese – zumindest was das «einheimische Paar» betrifft – nachweisbar falsche, für Klaus und Erika Mann jedoch nicht untypische und wie stets pointiert und elegant zu Papier gebrachte Bosheit einmal außer Betracht, so erscheint es generell nicht verwunderlich, dass die phantasiebegabten Kinder des

Hauses Mann sich dieser so spannend-unheim-
lichen Begebenheit bemächtigten und in ihren
Memoiren eindrucksvoll von der Wirkung erzählten, die nicht nur jene Geschichte, sondern
auch die Art, in der die Erwachsenen mit ihr
umgingen, auf ihre kindlichen Gemüter ausgeübt habe.

«Von Onkel Erik hieß es, er sei ‹vom Pferd
gestürzt›», schrieb Klaus Mann im *Wendepunkt.*
«Das passte gut zu der Photographie, die auf
Mieleins [also der Mutter] Schreibtisch stand
und den Onkel im Reitkostüm auf einem Schim-
mel zeigte. Seine Miene war energisch und etwas übellaunig – ein rechtes Reitergesicht», das
gut zu den Vorstellungen des Kindes vom «fernen Land Argentinien» gepasst habe, «wo der
Onkel den Tod finden sollte, diesen exotischen,
wilden Tod in der Prärie, in der Wüste».

Klaus Mann war noch nicht auf der Welt, als
der familiäre Machtspruch Erik Pringsheim «in
die Prärie» verbannte. Nichts von dem, was er
in seinen Memoiren über den Augenblick erzählte, da die Todesnachricht in der Arcisstraße
eintraf, konnte er wirklich erlebt haben. Doch
stellte er sich den Schmerzensausbruch der
Großmutter «so oft und so intensiv» vor, dass

er für ihn «schließlich zur Realität» wurde: «Ich höre den Aufschrei der Offi: ‹Mein Erik! Mein Sohn! Mein Reitersmann! Ermordet – von einem Pferde! Verblutet im fernen Land Argentinien!›» – Doch viel schrecklicher und, vor allem, bedrohlicher als diese theatralischen Ausbrüche müssen die Reaktionen der Groß- mutter gewesen sein, wenn eines der Kinder nach «jenem verhängnisvollen Pferd in Argenti- nien» gefragt habe: In solchen Momenten – so der Enkel in einer hier merkwürdig stimmigen Imagination – «wandte sie nur ihr schönes, weißes Gesicht zur Seite und saß für eine Weile reglos, wie versteinert». Und nach einer langen fürchterlichen Stille habe sie gemurmelt, «dass nicht nur die Pferde gefährlich seien in diesen fernen Landen und dass niemand seinen Sohn dazu zwingen sollte, sich in solcher Wildnis an- zusiedeln».

«Zweifellos», so der abschließende Rückblick des Enkels, «hatte es irgend eine nicht geheure, düstere Bewandtnis mit dem jähen Herzschlag und dem ungebärdigen Hengst. Hier handelte es sich wohl um Geheimnisse, an die man nicht rühren durfte. Wir begriffen dies und achteten das Tabu.»

Die Nachwelt jedoch darf weiter fragen – auch wenn die Dokumente rar sind und vieles für immer im Dunkeln bleiben wird; und sie darf sich zudem darüber freuen, dass zumindest das Zeugnis der letzten Begegnung von Mutter und Sohn erhalten geblieben ist: Hedwig Pringsheims Argentinien-Tagebuch.

20. November 1907 –
29. Februar 1908

Cap Arcona, *20. November 1907*
Ein schöner warmer Sommertag, nach etwas
unbehaglich bewegter Nacht. Den Tag, wie
immer, um 7 Ur mit dem Bad begonnen, Tee
getrunken, ein wenig promenirt, und nun das
Tagebuch in Angriff genommen. Seit der Abfart
in Lissabon, am 17ten abends um 9, bis gestern
früh um 8, wo wir Madeira anliefen, nichts zu
verzeichnen. Das Schiff ist schön, elegant, mit
jedem Komfort ausgestattet; aber ich weiß noch
nicht einmal, wieviel Tonnen es hat! Ein netter
Engländer im Süd-Expreß nach Lissabon fragte
mich danach; als ich meine Unkenntnis einge-
stand, sah er mich recht ungläubig an, gab mich
dann wol definitiv auf. Ich weiß nur, daß wir
1050 Personen an Bord haben, dass der Kapitän,
an dessen Seite ich den Ehrenplatz einnehme
(wie es einer Empfohlenen von Ballin himself

zukommt), Langerhanns heißt und nach eigenem Geständnis der erfarenste und dickste Kapitän der ganzen Linie ist. Außerdem haben wir am Tisch Herrn Inspektor Schulz, einen etwas sehr biederen Pommeraner; Herrn Funke, Herrn Klarfeld, netten, angenehmen jüngeren Kaufmann aus Hamburg – Buenos-Aires; Herrn Rothes, auch nett und sympathisch; Herrn Coßmann, Sekretär der [unleserlich] Gesandtschaft in Chile, très berlinois; und einen bislang unbekannten Herrn; nicht zu vergessen den jungen Großkaufmann Herr Spethmann aus Hamburg, mit dem ich gestern Freundschaft schloß, und der mir, in seinem früheren Schicksal etwas an Erik erinnernd, besonders gut gefällt. Die übrige Gesellschaft besteht zum großen Teil aus argentinischen Familien mit *sehr* ungezogenen, *sehr* lästigen, *sehr* bevorzugten Kindern und aus etwas minderen deutschen Getreidejuden; und man kommt in keinerlei Berürung. Das Leben spielt sich ab mit den sehr kopiösen Malzeiten, an denen ich bisher, eines Unbehagens in der Magengegend halber, noch nicht sehr intensiv mich beteiligte, mit Deckpromenaden, Lektüre. Ich treibe daneben spanisch und schreibe. Übrigens ist heute der erste reguläre Tag; da

der erste der Installation und gegenseitigen Be-
schnupperung gewidmet war, und wir gestern
schon Madeira «anliefen», an Land gingen und
erst um ½4, mit Kolen reich beladen, wieder
abdampften. Ich fur mit Funke um ½9 an Land;
entrüstete mich über die Barbarei, mit der man
allgemein die nackten Eingeborenen-Knaben
ins Meer tauchen ließ nach kleinen Geldstü-
cken, die sie mit unfehlbarer Sicherheit aus der
Tiefe holen. Übrigens eine ganz törichte Senti-
mentalität meinerseits, da diese Taucherei eine
ihrer besten Einnahmequellen zu sein scheint,
obschon namentlich die kleineren Buben vor
Kälte schnatterten. An Bord etablirten sich
mittlerweile Händler mit Madeirastickerei,
Korbwaaren, Postkarten etc., und es entfaltete
sich ein wares Jarmarkttreiben.

21. November
Wärend die übrigen die bereitstehenden, malerisch wirkenden Ochsenschlitten bestiegen,
gingen wir beide zufuß bis zur Zanradban, mit
der man, herrliche Ausblicke aufs Meer genie-
ßend, zwischen üppiger südlicher Vegetation in
die Höhe steigt. Beim Hôtel Monte Palace landet
man, und wir unternahmen eine richtige Berg-

kraxelei, wobei leider sehr störend ein starker Regen einsetzte, der, die Berge in Nebelwolken hüllend, der Landschaft den südlichen Charakter raubte. Wir, denen sich einige deutsche Herren angeschlossen hatten, stiegen dann wieder herab, nahmen in Reith's Hôtel ein Glas Madeira, genossen die schöne Aussicht übers Meer, und dann ging es den steilen, steingepflasterten Berg hinab im Schlitten, der von 2 Männern, die ihn an Stricken dirigiren, aufgehalten, gebremst, gezogen wird – je nachdem. Eine abenteuerliche, mehr seltsame als angenehme Beförderung, zumal dicht neben der Eisenban! Dann machten wir noch einen kleinen Bummel durch die Stadt, die charakteristisch südlich ist, die Bevölkerung stark mit Mulatten- und Negerblut durchsetzt, die Bettler unzälig; und nach 12 waren wir wieder an Bord. Was verfrüht war, da die Kolenaufnahme erst um ½ 4 beendet und unser lunch auf 1 Ur retardirt war. Denn der Kapitän hatte die «Autoritäten von Madeira», 60 Mann stark, zum Frühstück geladen, und diese zum Teil fürchterlich anzuschauende Gesellschaft ließ es sich wacker schmecken. Inzwischen wurden immer noch Blusen und Stickereien verkauft, immer noch sprangen nackte

Mulatten tauchend ins Meer, bis gegen ½4 die Anker gelichtet wurden. Daß ich einem brutalen Kerl, der auf seinem rudernden Knaben seinen Regenschirm kurz und klein schlug, nicht an die Kehle springen konnte, regte mich auf. Denn das Kind brüllte und winselte gradezu unmenschlich. Ich bekam einen Schauder.

Ja, und dann verschwand das Land, und wir sollen 12 Tage nichts als Himmel und Meer sehen.

Die Fart ist sehr gut, und seit gestern Abend füle ich mich ganz normal. Vielleicht liegt es mit an der Turnstunde, die ich gestern zum erstenmal nahm. Mechanisches Turnen: Pferd- und Kamelreiten, Vibrirmassage u.s.w. Ein jovialer Nürnberger, der meine dicken Arme und mein «vieles Fleisch», das man mir nicht ansähe, bewunderte, leitet sie. Eine charmante Argentinierin mit ihrer niedlichen Tochter weihten mich ein.

Im ganzen sind die argentinischen Kinder, wie schon erwänt, die Schlangen in dem Paradiese dieses sonst so schönen und bequemen Schiffes. Aber die «argentinischen Familien» werden respektirt, als seien sie die Könige dieser Erde. Warum?

22. *November*

Gestern Vormittag lud mich Inspektor Schulz zu einem Besuch der Küchen-, Anrichte-, Back- und Vorratsräume ein. Sehr imponirend, wie im kleinsten Raum die größtmögliche Leistung erzielt, durch Maschinen die menschliche Arbeit auf ein minimum reduzirt ist. Das Aufwaschen des massenhaften Geschirrs: elektrisch; das Schneiden des Schinkens: elektrisch; u.s.w. Ein Chef mit 10 Gehülfen bewältigt die ganze Arbeit. Nachmittags leitete mich der nämliche Schulz, unter Aufsicht des Obermaschinisten Dittmar, in die Maschinenräume, die ganz kolossal imponirend wirken, sich aber meinem Verständnis doch entziehen. Im Gefrierraum hängt das gesammte große Fleisch für das ganze Schiff in festgefrorenem Zustand.

Durch angelegentliches Befragen des Kapitäns, dem ich auf seiner Brücke einen Besuch abstattete, erfur ich nun auch, daß Cap Arcona 12 500 Tonnen hat (1 Tonne = 1 Kubikmeter verdrängten Wassers), 15½ Seemeilen in der Stunde macht und das beste und schnellste Schiff der Linie ist.

Nachdem vorgestern die letzte Europa-Nachricht von England durch Marconi gekommen war (lauter unerheblicher Schwafel: Kronprinz in Kreuth angekommen, Königin-Wittwe v. Sachsen nimmt Narung u.s.w.) wurde gestern mit Cap Ortegal, der 200 Meilen noch von uns entfernt war, Telefunken-Verbindung hergestellt. Ich telegraphirte an Alfred einen Gruß.

Was mich bei meinem Inspektionsgang gestern gradezu entsetzte, war der Anblick von großen Körben voller trefflicher Überreste: Fleisch, angebrochenes Brod u.s.w., genügend, um 30–40 Familien glänzend zu ernären, die täglich einfach über Bord gehen: da die Passagiere III. Kl. Reste und angeschnittenes Brod glatt refüsiren, trotzdem sie von Coruna bis Buenos Aires 60 M. alles in allem bezalen!

Ein feiner Zug des Kapitäns: ich wünschte, in meine Entdeckungsreise die Besichtigung der III. Kl. einzuschließen – er schlug es mir glatt ab. Es seien feine und anständige Leute darunter, er wolle sie dieser Demütigung nicht aussetzen; ihnen sei der Zutritt zur I. Kl. streng untersagt, so müsse es auch umgekehrt gehalten werden. Der Mann hat Recht.

Heut ist es, nachdem wir eben die Cap Verde-Inseln passirt haben, zum ersten mal wirklich heiß. Ich sah kein Land, obgleich es nach Funke doch so deutlich war. Doch: eine Berg-Insel taucht auf, einem 3000 m. hohen vulkanischen Kegel kommen wir nahe, der aus Wolken riesenhaft herausragt: das letzte Land bis Montevideo!

23. *November*

Eine furchtbar schwüle Nacht; eben regnet es in Strömen. Gestern gabs Abwechslung. Vor dem diner sang Herr Köhler mit Frl. Benar das Duett aus dem III. Akt «Lohengrin», mit folgender Gralserzälung: *er* sehr musikalisch, für einen Dilettanten recht gut, *sie* mit glockenhellem Stimmchen ganz unzureichend. Und abends war in der «Laube» Ball – baile en cubierta. Die Argentinierinnen sahen, in Toilette, zu, tanzen taten im wesentlichen Deutsche, von denen ich nun mit einigen ins Gespräch kam: Frau Romberg, die nach einer Estancia in Patagonien geht, die Damen Benar, die nach Valparaiso wollen, Herrn und Frau Weil aus Buenos Aires. Tanzte sogar mit Herrn Weil (hat nicht meinen Geschmack) eine etwas wüste Quadrille. Die Argentinier gelten allgemein für hochmütig, Europäern gegenüber unzugänglich; da gehen dann die Deutschen auch nicht heran. Übrigens würden die zumeist wol auch bei uns nicht allzu hoch rangiren. Es ist eine mir neue, fremde Welt. Lauter Kaufleute. Nie ein Wort über Literatur, Kunst, Theater. Ich tu' mich mit der Konversation ein wenig hart: höre zu und frage.

24. November

Es ist sehr heiß, noch mehr schwül; sind dem Äquator nahe. Gestern nachmittag beim Tee hatte ich eine Unterhaltung mit der «Marquise», die doch ein wenig aus meiner Welt ist: Wittwe eines spanischen Marquis, Österreicherin, ältlich, häßlich, bereist zu ihrem Vergnügen allein die Welt, ist aber *gegen* Frauenstudium. Immerhin: sie weiß von den Dingen. Abends tauchte am Horizont ein Licht auf, kam näher: Schiffe, die sich im Dunkeln begegnen. Wir grüßten durch bengalisches Feuer und Leuchtkugeln, sie antworteten ebenso: die Cap Roca unserer Linie, ein deutsches Schiff. Woher die eigentümliche Sensation bei dieser Begegnung, gemischt aus Spannung, Freude, Wehmut und Sehnsucht? Ich muß einen Psychologen fragen. Übrigens würde ich es als stimmungsvoll-poetische Situation charakterisiren. Die Einsamkeit belebt sich plötzlich, das langsame Entgleiten macht die Unendlichkeit noch öder.

Abends längere Unterhaltung mit Herrn Rutenberg aus Bremen, über Heymel und «Prinz Kukuk», die in Bremen unter kolossalem Interesse in *einen* Topf geworfen werden, wo Alfred Walter ganz beliebt ist, aber für einen guten dummen Jungen gilt, über dessen Narreteien man sich lustig macht.

25. November

Heute morgens um 4 die Linie passirt! Schwimmen nun auf der südlichen Halbkugel. Wetter feuchtschwül, aber durch Wind erträglich. Gestern an Herrn Dr. Konstant Guillemaine aus Charlottenburg einen sympathischen jungen Geologen kennen gelernt; beim Tee längere Unterhaltung mit der Marquesa, die in höfischen Dingen sehr versirt, mit den Legitimisten auf du und du ist. Und dann kam die Äquatorfeier. Beitisch erschien ein baumlanger Postillon und überreichte unter großem Halloh dem Kapitän eine Einladung zur Taufe von Neptun. Die Abendtafel war festlich geschmückt, kleine Flaggen, Blumen und Fächer überall verteilt, die Wände mit der Flaggenparade und Wappen malerisch dekorirt. Da infolge des Windes und der langen Dünungen das Schiff erheblich schwankte, wehte das alles lustig durcheinander. Und ein mächtig langes Menü, von Funke mit Sekt begossen, erhöhte die Feststimmung. Um ½ 10 begann die eigentliche Feier mit dem festlichen Aufzug von Neptun und Gemalin, in einem blumengeschmückten Automobil herangerollt und von einem berittenen Officier, Soldaten, Würdenträgern, Musik etc. eskortirt. Das war etwas für die großen und kleinen Kinder! Nun folgten Ansprachen von Neptun und sämmtlichen Hofchargen, die, ausschließlich von der Mannschaft dargestellt, ihre Sache zum Teil überraschend nett machten. Einige sprachen in einem sehr verlegenen «Messingsch», was das Vergnügen nur erhöhte; aber einige zeigten sich als fixe Kerls mit Mutterwitz. Die Taufe begann mit mir, die ich den schönen Namen «Wellgunde», mit einem sauber ausgearbeiteten Taufakt, erhielt. Jeder Täufling wurde mit großem Halloh empfangen. Die Damen wurden glimpflich behandelt – nur etwas Seewasser auf den Kopf – und bekamen schöne Namen; die Herren wurden mehr malträtirt und erhielten Namen wie Hering, Bückling,

Stockfisch etc. Als der erste auf den Namen «Hering» getauft wurde, sagte ein kleiner, garstiger Mann neben mir: «is doch 'n jiddischer Name!»

Nachher gabs noch Ball, der bis 2 Ur gewärt haben soll, von dem ich mich aber, nach der mit Funke getanzten Polonaise und nachdem einige der besseren argentinischen Damen, denen mein Schmuck und meine Perltasche in die Augen gestochen, mich in eine überaus liebenswürdige Unterhaltung gezogen, um 11 Ur drückte.

Der Kapitän hatte bei meinem Anblick, in bereits decolletirter Bluse und dem Renaissance-Collier, die fulminante Schmeichelrede gefunden: «ich bedaure heute mehr denn je, gnädige Frau, daß wir uns nicht vor 30 Jahren kennen gelernt haben» (!!).

26. November

Die Tage beginnen, sich zu dehnen, man zält sie, rechnet: «war gestern der letzte Montag an Bord?» «wann kommen wir an, Herr Kapitän?» Herr Spethmann fült sich unwol und kommt nicht zutisch; mir ist auch nicht ganz extra.

Gestern früh war ich in der «Reserve», um meinen Koffer etwas umzupacken: ersetzte

144

reichlich ein römisches Bad – das reine suda-
torium. Sonst schlich der Tag träge dahin, mit
wenig Promenade, etwas Konversation, etwas
Lektüre. Die stehenden Scherze beitisch «ja,
wenn der Kapitän soviel Schinken, Sardinen,
Wurst ißt, wie soll da die Gesellschaft Dividen-
den zalen!» – sie werden seltner, die Gesprächs-
themen sind erschöpft.

Wir haben eine lebhafte Brise, und seit gestern
schwankt das Meer wieder unser Schifflein auf
und nieder: Gestern überholten wir eine klein-
winzige Nußschale: Der Kapitän sagt, es sei ein
Schiff von wenigstens 7000 Tons.

27. November

Gestern beschloß ich bis auf weiteres die Ta-
gebuch-Briefe an Alfred und Mim, da die Tage
sich nun gleichen und vor Buenos Aires kaum
etwas neues zu erwarten ist. Das Meer ist nun
tief-tiefblau; aber Funke sagt, das sei hier, auf
der Höhe von Bahia, einfach seine verdammte
Pflicht und Schuldigkeit. Die fliegenden Fische
tun diese ihre Schuldigkeit aber immer nur,
wenn ich nicht hinsehe.

Gestern beim Tee hatten die Marquise und
ich eine muntere Unterhaltung in 3 Sprachen

mit den beiden Argentiniern, die ich schon vom Süd-Express her kenne. Abends gab es Musik im Kinderzimmer: Herr Osterrieth aus Antwerpen sang mit wolgeschultem Baryton Wagner, Wolf und andere gute, ernste Musik, Herr Köhler entpuppte sich als musikalischer Windhund, Frl. Bénard als klingende Schelle.

28. November

Heut ist es blödsinnig heiß, das Wasser rinnt mir in Strömen übers Gesicht; aber es ist «un viaje lindísimo», wie die dicke Argentinierin sagt, die sich einige Kilo abturnen möchte. Wir haben Bahia hinter uns, befinden uns in vollen Tropen. Morgen solls besser werden. Gestern kamen Walfische in Sicht; aber es ist ein eingebildetes Vergnügen.

Mit Herrn Osterrieth schaute ich lange plaudernd in das nächtliche Meer und in den schönen, klaren Sternenhimmel. Ein angenehmer, verständiger Mann. All diese weitgereisten jungen Kaufleute sind überhaupt kein übler Typ. Der Kapitän beehrt mich auch täglich mit einer Abendpromenade, und wir verständigen uns, obschon 2 Sprachen sprechend, recht gut.

29. November

Gestern fand eine Lotterie zum Besten der Mannschaft statt, an der ich mich nur durch Hingabe einer Hutnadel beteiligte. Der ganze Tag war unbeschreiblich heiß, man war wie in einem Dampfbad. Beim dinner machte der Kapitän mich graulich – wurde mir nicht klar, ob im Spaß oder Ernst – indem er Sturm und schlecht Wetter prophezeite. Das Schiff stampfte ziemlich erheblich, der Abend blieb schwül, in der Ferne blitzte es unaufhörlich; doch der Himmel war sehr sternenklar. Ich schrieb an Heinz und an Mumin [?], knüpfte Bekanntschaft mit dem «Neuseeländer» an, der mir spanische Konversationsstunde geben will, und plauderte mit den anderen «Freunden».

Auch heute ist die versprochene Abkühlung nicht eingetroffen, es ist unsagbar schwül. Da wir näher an Land, begegnen wir nun ab und zu einem Schiff.

30. November

Heut ist bedeckter Himmel, weit küleres Wetter und ich griff nachts zur wollenen Decke, da ich leise fror. Das Schiff stampft über lange Dünungen.

Gestern gabs einen interessanten Ausbruch von Rassenhaß. Die lang aufgespeicherte Spannung entlud sich. Der Kinder-Steward soll einen der argentinischen Lausbuben, dessen er sich nicht mehr erwehren konnte, angerürt haben, worauf der Vater den kleinen Steward brutal orfeigte und mit Füßen stieß. Unter den Deutschen allgemeine Entrüstung, ein Aufflackern von unterdrücktem Haß, eine förmliche Revolution gegen die unerträgliche Anmaßung und Bevorzugung dieser Argentinier. Bis sich die Wogen beruhigten und alles war wie zuvor. Ich bekam auch mein Teil. Denn als ich den einen Argentinier vom Süd-Expreß scherzend fragte, warum er so betrübt aussehe, sagte er mir zweimal ganz brutal «close your mouth». Ich erklärte ihm, ich sei eine lady, mit der man so nicht verkehre, er aber sei kein gentleman – und nun ist der kleine dreckige Aff' Luft für mich.

Eine interessante Unterhaltung hatte ich mit dem Neuseeländer, der mir die Verhältnisse seiner Insel auseinandersetzte, die die absolute praktische Verwirklichung der idealsten sozialistischen Forderungen aufzuweisen scheinen.

1. Dezember

Ein idealer Tag, mit frischem Südwind. Das Wasser ist grün. Alle Menschen geraten in Bewegung; man sieht Koffer und geschäftiges Hin und Her. Abschiedsstimmung. Wie es sich nach dem gestrigen Abschiedsfest gehört.

Gestern konnte man zalreiche Walfische sehen, die sich durch das fontänenhafte Aufspritzen des Wassers kenntlich machen. Als man in den Kabinen Toilette machte, gabs einen kleinen Ruck: wie der Kapitän später erzälte, hatten wir einen großen Walfisch mitten durch gefaren, dessen beide Hälften, das Wasser rund um blutig färbend, eine Weile neben dem Schiff herschwammen. Nachtisch war ich in der Telefunken-Station, die uns jetzt mit Montevideo verbindet.

Abends war großes Gala-Diner angesagt. Der Saal war mit Guirlanden, Fanen, Wappen und Emblêmen sehr festlich geschmückt, die Tische mit Aufsätzen und Blumen und bunten Lampen dekorirt. Es gab ein Diner von 12 Gängen, der Sekt floß in Strömen, Herr Gismondi hielt eine deutsche, Herr Mackintosh eine englische Rede auf den Kapitän, der in feurigen Versen auf die Damen toastete. Knallbonbons, die allerhand

149

Pfeifen und Instrumente enthielten, erhöhten die Festesfreude, man saß über 2 Stunden beitisch, und da das Schiff ganz ruhig ging, hätte man sich wirklich bei einem ganz lustigen, netten Karnevalsfest wänen können. Ein ausgelassener Umzug der zum Teil maskirten Stewards mit dem beleuchteten Gefrorenen verstärkte den Eindruck.

Die Herren sollen zum Teil die halbe Nacht durch weiter Abschied gefeiert haben; ich zog mich gegen 11 zurück.

Buenos Aires, 2. *Dezember*

Gestern war Auflösungs-Stimmung. Niemand dreßte sich mehr, Herr Klarsfeld hatte einen wüsten Katzenjammer. Nach dem dinner begann Land sichtbar zu werden; Inseln, Leuchttürme, Dünen, die wie Wüstensand wirkten. Gegen ½10 tauchten die Lichter von Montevideo auf, auf schwankendem Schiff kam der Lotse, um ½11 warfen wir den Anker aus. Eine Stunde verging, bis die Post- und Passagier-Dampferchen, die auf der durch einen Pampero in den Tiefen aufgewülten See wie kleine Nußschalen hin- und hergeworfen wurden, an unserm Schiff anlegen konnten. Es war ein interessantes und aufregendes Schauspiel, wie die 50–60 Postsäcke von der Nibelungenhorde die steile Treppe hinuntergeschleppt und mit großer Geschicklichkeit in das wildbewegte Boot geschleudert wurden. Die armen Passagiere, die zu uns an Bord kamen, waren sämmtlich totkrank; die hinüber mussten nach Montevideo, wurden es zweifellos. Die Ärmsten wurden wie Packete hinübergeworfen, stürzten hin, die Frauen kreischten, kleine Kinder schrien. Ich konnte mich von dem grauslich fesselnden Schauspiel nicht trennen, bis der letzte Mann über Bord war. Und in der gleichen Minute, ½ 2 Ur, dampften wir weiter.

Heute früh sah der La Plata aus wie ein wogendes, schmutzig gelbes Meer, auf dessen linker Seite ferne Ufer schimmern. Mälich werden sie deutlicher, man unterscheidet Häuser, Türme. Ich gehe zum Kapitän, mich verabschieden, froh, daß wir die Reise hinter uns haben. «Gnädige Frau, sagt er, das Schwierigste der ganzen Reise liegt *vor* mir.» Das ist die Einfart in den Innenhafen und in den engen Kanal, in dem das Riesenschiff auf beiden Seiten anstößt. Grüßende Menschenmengen zu beiden Seiten, Cap Vilano, der morgen ausfärt, begrüßt uns mit schmetternder Musik. Endlich, endlich entdecke ich in der bunten Menge Eti. Er grüßt mit seinem Hut, sein Röckchen spannt über der Brust, er weint. Noch fast ½ Stunde, ehe wir zusammen kommen können. Wir weinen beide.

Dann der entsetzliche Wirrwarr der Ankunft, trotzdem nur das Handgepäck verabfolgt wird; Wagenfart durch enge heiße Straßen, Unterkommen im Hôtel Royal recht anständig. Nach dem lunch gehen wir zufuß zurück nach dem Hafen, wo viele Leidensgefärten vom Schiff unter maßlosen Qualen ihr Gepäck suchen und visitiren lassen. Nach dem dinner mache ich mit Erik noch einen Spaziergang auf die «Plaza». Die Straßen sind eng und heiß, Trambanen und alle Arten Furwerke rasen und machen einen betäubenden Lärm, das Stadtbild scheint weder sehr fremdartig noch sehr interessant. Nur daß die Häuser meist einstöckig sind, mit flachen Dächern, sieht nach Süden aus. Aber die «Avenida» mit ihren Café's im Freien könnte ein Pariser Boulevard sein.

3. Dezember

Heute bin ich betrübt und deprimirt. Wegen Erik, der genau der Gleiche geblieben, genau,

genau! Ich musste ihn in seinem abscheulichen «Deux Mondes» mit 340 Pesos auslösen, sonst konnte er nicht zu mir ziehen! Das Geld zerrinnt ihm unter den Händen, er weiß nicht wofür, und er hat nichts davon. Ich sah mir sein bisheriges Logis an: entsetzlich. Keine 3 Tage hielte ich's da aus; er 3 ½ Monat. Luft- und lichtlos, ein «Patio-Zimmer», nach einem 5 Schritt breiten Schacht, auf den zu beiden Seiten sich je 6 Türen öffnen, die die einzigen Luftquellen der sonst fensterlosen Zimmer sind. Sitzt man bei geschlossener Tür, so sitzt man in einem stickigen dunkeln Loch, in dem Erik noch sein sämmtliches Gepäck, Koffer, Kisten, Säcke, Sattelzeug etc. aufbewarte. Und zalte für dies Prachtgemach 90 Pesos monatlich! Die Stadt ist ebenso teuer wie hässlich. Sehr schmale Straßen, mit tosendem Tramban- und Wagenverkehr, der einen auf den engen Trottoirs fast herunterreißt; stickige, heiße, staubige Luft, Ausrufer, Lärm. Die Gebäude sind meist einstöckig und unschön, die größeren, eleganteren in den vornehmeren Stadtteilen wie Plaza S. Martin, Avenida Alvear ein unglaublich geschmackloses Conglomerat der verschiedensten Stilarten; die Brunnen und öffentlichen Denkmäler barbarisch häßlich.

4. *Dezember*

Heute Nachmittag namen wir einen Wagen und machten Besuche. Zuerst bei Excellenz Waldthausens, dann in Belgrano bei Sanders, Hains u. Hoche's; trafen nur Frl. Hoche, die in einem komischen ebenerdigen Häuschen, wie sie in Belgrano sehr häufig, wonen, eigentlich mehr wie ein kleines ländliches Farm-Gebäude, um einen Gartenhof herum errichtet. Belgrano ist der Villenvorort von Buenos Aires, mit vielen hübschen Gärten, schöner Plaza, Palmen, Hitze und Staub. Im Park von Palermo, den wir passirten, ist gegen Abend Corso; die beau monde hält am rond point, wie in Rom am Pincio, an, man besucht sich, zeigt seine Pariser Toiletten. Etwas interessantes, eigenartiges, fremdländisches habe ich bis jetzt hier noch nicht entdeckt; Staub, Hitze, Lärm.

7. *Dezember*

Der Eindruck, den ich von Buenos Aires hatte, hat sich in nichts modificirt, nur verstärkt. Eine Stadt one Eigenart; sehr ausgedehnt wegen der vielfach einstöckigen Häuser. Wo größere moderne Häuser stehen, von barbarischer Geschmacklosigkeit und parvenühaftem Protzentum. Vorgestern machten wir vormittags einen Spaziergang in Palermo, dem «Bois» von Buenos Aires: sehr mager und dürftig und schatten- und reizlos, trotz Palmen und Eukalyptus. Besser gefiel es mir gestern in «Tigre», dem Wannsee der Stadt, circa 1 Stunde mit der Ban. Es ist der Wassersportplatz; an dem nicht breiten Fluß, dessen Ufer mit wundervollen Weiden und Platanen bestanden, liegen zalreiche Villen mit hübschen, palmenreichen Gärten, auf dem Wasser spielt sich lustiges Leben ab; es könnte ein englischer river sein. Wir kehrten im recht komfortablen Tigre-Hôtel ein, das unserem Wirt gehört; die Wirtin, Frau Scheffer, lud uns zu einer Botfart, dann zum dinner auf der Terrasse ein. Wir verbrachten einen angenehmen Abend, leidlich frisch. Die hier lebenden Ausländer haben alle eine ziemliche Verachtung der «Hiesigen», von denen sie natürlich noch viel tiefer verachtet werden. Aber ihre Kinder fülen sich als Argentinier, sprechen unter einander spanisch, ihre Muttersprache als fremde Sprache. Frau Scheffer, die seit 17 Jahren hier lebt und unverfälschtes Göttingsch spricht, wendet viele spanische Worte an, oft fehlt ihr der deutsche Ausdruck ganz. Alle heben sie den Finger zur

Nase und sagen «no, no». Und das nur nach Geld hastende, ewig spekulirende Leben wird ihnen so zur Gewonheit, daß sie unser ruhig seßhaftes Dasein nimmer mögen.

Auch der Eindruck, den Erik mir machte, ist nicht verändert: ein guter, lieber, gutmütiger Junge, dem sich unter den Händen alles, alles zum Unheil wendet, er mag anfangen, was er will. Charakterlos und schwach, one Verantwortlichkeitsgefühl, renommistisch und bramarbasirend aus Mangel an Selbstgefül und in lichten Augenblicken sich dessen wol bewusst: ein armer lieber Kerl, der dem Leben in keiner Weise gewachsen ist, mit dem man zärtliches Mitleid empfinden und den man an einen für ihn geeigneten Platz stellen muß, um noch ein leidliches Schicksal für ihn zu zimmern.

Da der in Aussicht gehabte Kamp mit dem für Erik charakteristischen Pech am Tage meiner Ankunft verpachtet wurde, sitzen wir nun hier und warten. Es wird sich so leicht nichts finden, und die Existenz hier, in der heißen und greulichen Stadt, tatenlos und mit gebundenen Händen, ist eine harte Geduldsprobe.

9. *Dezember*

Neues hat sich insofern ereignet, als Eriks frühere «Herrschaft», die Griffins, hier weilen und nachdem sie ihr St. Elena verkauft haben, morgen nach England siedeln. Sie haben uns besucht, und wir haben uns gegenseitig zum Essen eingeladen. Sie machen beide einen durchaus civilisirten Eindruck von Leuten mit guter Kinderstube; Mrs. Griffin eine recht niedliche junge Frau. Er hat seinem Nachfolger für 2–3 Monate Erik als majordomo vorgeschlagen; was noch vor kurzem für Erik ein unerwarteter Glücksfall gewesen wäre. Nun aber versetzt uns diese Perspektive in eine dumme Situation. Denn einerseits möchte ich so schnell wie möglich dieses nach jeder Richtung heiße Pflaster von Buenos Aires verlassen; andererseits muß man befürchten, es könne Erik irgend eine gute Kauf-Chance auskommen, wenn er sich für Monate in St. Elena festlegt. In diesem letzteren Sinne beriet mich auch heute Herr Krüger, den ich in Abwesenheit von Funke um seine Meinung anging.

Vorgestern furen wir gegen abend mit der Tram nach Palermo, wo ein buntes, sehr elegantes, sehr belebtes Treiben dem Parke ein ganz anderes Ansehen verlieh, als neulich vormittags in der Glutsonne. Es sind sehr hübsche Partien von landschaftlichem Reize vorhanden, und die große Palmen-Avenida wirkt recht großartig. Vier bis fünf Reihen Wagen aller Art bewegen sich dort in langsamem Tempo, bleiben stehen, die Insassen besuchen sich, flirten, zeigen ihre neuen, sehr eleganten, sehr lichten Pariser Toiletten. Reiter garnicht, Auto's viele. Wir saßen gewiß eine Stunde auf einer der zalreichen Bänke, die längs der Avenida stehen, und amüsirten uns über das mondäne Treiben.

12. Dezember

Wir sitzen, warten und schwitzen, und es hat sich in der Situation nichts verändert. Auch mein Eindruck von Buenos Aires kaum modificirt. Die Menschen arbeiten und essen und trinken. Lebensgenuß in feinerem Sinne scheint unbekannt. Es gibt kein Museum, keine Kunst, keine Litteratur, keine Kirchen, keine Sehenswürdigkeiten. Ich durchstreife auf meinen Morgenspaziergängen die Stadt: eine Straße sieht aus wie die andre. Absolute Regelmäßigkeit. Die vielen Mulatten- und Indianergesichter beleben das Bild kaum, da sie ordinäre, europäische Tracht tragen. Alles ist neu, in der Entwicklung, one Stil und Tradition. Neben den ebenerdigen Häusern wachsen moderne, geschmacklose Paläste, unmittelbar daneben Bauzäune, mit Annoncen bedeckt; neben einem eleganten Pariser oder Londoner Geschäft ein Kleinkrämer oder elender Handwerker; und überall derselbe, unausgesetzte Tramban-Verkehr. Sofort außerhalb des Zentrums der Stadt trifft man auf verwarloste, versandete und wüste Landstraßen mit Häusern, an denen keine Fensterscheibe ganz ist.

Vor einigen Tagen furen wir mit Herrn Krügers Automobil nach Palermo. Das ist tatsächlich die einzige Erholungsmöglichkeit der hiesigen upper ten thousand. Es ist, als tägliches Vergnügen, wol zum Stumpfsinnigwerden. Denn dieselben Gesichter treffen sich nun täglich da draußen und drehen sich täglich in den 2 kleinen Aveniden stundenlang im Kreise. Auch für die Kinder gibt es keine andere Möglichkeit, da Kinderwagen in der Stadt ebenso unbekannt wie unmöglich sind. Man schickt die babies mit ihren Ammen und nurses im Wagen nach Palermo, und da schöpfen sie Luft: wenn man das so nennen will.

Vorgestern waren wir beim Gesandten v.

Waldthausen zum Frühstück geladen: reiche, elegante, angenehme Leute, die uns sehr liebenswürdig und fein aufnahmen. Ein soignirtes Interieur, das Haus klein und unbequem, bei riesiger Miete. Frau v. Waldthausen sprach mit mir über die hiesigen Verhältnisse, die ihr auch nicht behagen, die Preise, die horrend sind. Ein Zimmermädchen bekommt 60–80 Pesos, ein geschulter Diener 150 P. monatlich! Für ein einfaches Umstandskleid mußte sie 750 P. zalen! u.s.w. Sodaß sie meine 5 Pesos für Aufbügeln eines Rockes billig fand.

Gestern waren wir im zoologischen Garten, der gärtnerisch und zoologisch dürftig ist: Junge Anlage, wie alles hier zuland. Auch die Manieren bedürfen längerer Schulung. Gestern in der hall rückten meinem Tischchen, an dem ich Zeitung lesend Kaffee trank, ein alter General Ortega und ein junger Deputado so nahe, daß sie sich fast in meine Tasse setzten, und umgaben mich wärend ihrer lebhaften Unterhaltung mit einem solchen Kranz von Spucke und glimmenden Zigarrenresten, dass ich schließlich aufstehen mußte!

Gestern bekam ich, o Freude! – die ersten Briefe von Alfred und Mimchen; erledigte die gesammte Neujarskorrespondenz in Briefen und Karten.

15. *Dezember*

«Nichts neues vor Paris» – wie diese Depesche im Französischen Krieg die Leute zur Verzweiflung treiben konnte, lerne ich jetzt hier verstehen. Nichts neues in Buenos Aires. So kann es unentwegt weiter gehen, kein Grund, warum dieser stumpfsinnige Zustand je enden sollte. Ich weiß ja nicht, ob Erik etwas tun *könnte*; aber ich weiß, daß er nichts tun kann. Denn er ist kein Mann der Tat. Ist ein ewig Unmündiger. Nach zwiefachem Briefwechsel mit Funke, der in den nächsten Tagen zurückkommen soll, setze ich all mein unbestimmtes Hoffen auf diesen einen Mann. Irgend eine Änderung, wenn auch nur einen Dekorationswechsel, wird er doch bewerkstelligen können!

Die Hitze nimmt zu; alle Zeitungen, alle Menschen klagen über die für die Jareszeit ungewönliche Temperatur. Gestern gegen 11 war ich mit Erik am Hafen, um mich von der heimfarenden Cap Arcona und meinem Kapitän zu verabschieden. Es war zum Hitzschlagtreffen; auf dem Schiff förmlich behaglich. Ich hatte die

Empfindung eines zweiten Abschieds von zuhaus, wäre am liebsten mitgefaren.

Dann besorgten wir Blumen für die Hochzeit von Lily Hoch; man arrangirte mir für 12½ Peso ein Nelkenkörbchen von äußerster Dürftigkeit: Blümchen für arme Leute. Um ½ 5 furen wir mit der Ban nach Belgrano, wo in der ganz freundlich-lieblichen, Tuberosen-geschmückten kleinen englischen Kirche eine scheußlich stimmungslose, geschäftsmäßige Trauung vor sich ging. Hierauf Empfang in Hochs kleiner Quinta, der sich hauptsächlich auf dem patio abspielte: meist englische Proleten, etliche «Hiesige», garkeine Deutschen. Diese deutschen Schweizer können kein Deutsch mehr, ihre Kinder verachten das Deutsche: we are Argentines. Das Brautpaar zerschnitt und verteilte im Schweiße seines Angesichts den wedding-cake, man reichte Champagner; eine große Schüssel mit Reiskörnern stand bereit zum Bombardiren der Braut, es wurde erheblich gepampft und schien mir für Eltern wie Brautleute eine ziemliche corvée. Wir empfahlen uns um 7; die Luft war angenehm erfrischt da draußen.

Heute ists wieder ebenso heiß. Ich kam wegen mosquitoverschwollenen Auges nicht an die Luft; wurde durch neue Briefe von Mim und Katja erfreut.

19. *Dezember*

Nichts neues vor Paris. Wir sitzen und warten. Seit einigen Tagen ists weniger heiß, das große Schwitzen hat nachgelassen. Ich setze meine Morgenpromenaden durch die Straßen fort, one auf den Geschmack von B. Aires zu kommen. Über Erik bin ich täglich deprimirter, kann ihm aber nicht ernstlich böse sein, denn er ist wie die Kinder, die nicht wissen, was sie tun.

Durch eine ganz gemütliche Familie Gsell-Fels, die mich neulich auf eine ihnen in der Schweiz bekannt gewordene Familie Emil Pringsheim hin ansprach, lernte ich Herrn und Frau Altgeld, Tornquistleute und die Mieter von Funkes's Belgrano-Villa kennen, sie luden uns gleich zum Essen, und wir waren gestern draußen. Genossen erst noch Landluft und die schöne Aussicht, furen bereits um ½6 hinaus. Frau Altgeld ist eine sehr nette, frische junge Frau, er ein jovialer, entschieden intelligenter Blaubart, der schon bei Nr. 3 hält. Villa Funke liegt in einem aufsteigenden Garten auf der Höhe eines Hügels, beherrscht mit einem wunderhübschen Blick die Gegend: über die Ebene, die mit Quinten besaet, über Palermo bis zum Silberstreifen des Flusses, ein eigenartiges und sehr anmutendes Bild; auf der anderen Seite auf die Stadt. Beim Essen waren außer uns Funke, ein deutscher Herr Hauser, ein norwegischer Herr Müller. Der Aufenthalt im behaglichen deutschen home tat mir sehr gut, und ich begriff zum erstenmal, als wir im Vollmond auf der Veranda saßen an dem milden und angenehmen Abend, die schöne Landschaft vor Augen, daß man sich in diesem Lande vielleicht auch ganz wol fülen könnte.

Die Verbindung geschieht sehr bequem durch drei verschiedene Tramlinien. Hats geregnet, so versinkt man allerdings beim Aussteigen im Dreck. Wie denn überhaupt, sobald man das Weichbild der Stadt hinter sich hat, die gute Straße aufhört und die Wege grundlos werden.

21. Dezember

Zu obigem Satze heute eine gute Illustration. Ich fur mit Erik per Tram durch die südlichen Stadtteile, nach dem Richuela-Hafen und der Boca. Infolge des gestrigen furchtbaren Gewitterregens war an einer Stelle die übrigens gepflasterte Straße grundlos geworden und ein schwerer Karren war in dem Dreck stecken geblieben, versperrte uns die Weiterfart. Nach verschiedenen Versuchen, ihn durch Menschen- und Pferdehülfe wieder flott zu machen, wurde er mit einer schweren Eisenkette an die Tram befestigt, die Vorspanndienste tat und ihn, rückwärts farend, endlich aus dem Morast zog. Ländlich, sittlich. In jenem Viertel der Stadt, dem Arbeiter- und Hafenrevier, in dem fortwärend Unruhen und Untaten herrschen, steht an jeder Cuadra ein Vigilant mit geladenem Karabiner. In den letzten 2 Tagen fanden abends, infolge von Walmanövern, politische Demonstrationen in Corrientes, Esmeralda und Supacha statt; aber alles verlief ruhig, trotz dem starken Aufgebot an Vigilanten.

Vorgestern fur ich gegen Abend allein nach Parque Lezama, einem kleinen, wunderhübschen Park mit schönen Anlagen und, der Lage entsprechend, mehr volkstümlichem Publikum. Abends waren wir wieder bei Waldthausens zum dinner; obschon zwanglos nur auf Funke eingeladen, im Frack-Zuschnitt wie neulich. Frau v. W. erzälte mir wieder fabelhaftes von den hiesigen Preisen; z. B. sei das Abonnement einer Loge in der Oper so teuer, daß manche Familien es für einen Winter aufgäben und für dies Geld mit Kind und Kegel auf einige Mona- te nach Europa reisten!

Heute machte ich mit Frau Altgeld einen klei- nen Einkaufsbummel durch die Hauptstraßen; in einem deutschen Haus kaufte sie Lebku- chen, die ungeheuer teuer sind. Zu fabelhaften Preisen kauften deutsche Herren kleine nuttige Tannenzweige als Weihnachtsbäume. Auf den Straßen, namentlich in Florida, ein unsinniges Gedränge, sodaß man sich kaum vorwärts drü- cken konnte. Ich freue mich, diese Stadt, die mich in keiner Weise erobern konnte, Montag zu verlassen. Ich bin entschlossen, mich nur noch vorübergehend hier aufzuhalten. Nicht einmal ein halbwegs originelles Geschenk zum Mitbringen kann man hier auftreiben: alles mittelmäßige und teure Europa-Importe!

26. Dezember
Estancia Rincón Tres Picos,
Estación Tornquist, F. C. J.
Endlich Neues! Endlich Gutes! Endlich heraus aus der Greuelstadt!

Am 23ten abends um ½10 furen wir ab. Der von Auswanderern, Sachsengängern und Sommerfrischlern überfüllte, noch ganz unfertige Banhof war ein unangenehmer Aufenthalt; doch sah man fremdartige, wilde Gestalten, Männer mit weiten Hosen, lockeren bunten Halstüchern, hohen Stiefeln und breiten Filzhüten. Im Schlafwagen fand ich mich mit zwei Damen zusammen: einer schlanken Deutsch-Hiesigen, die Kinderfräulein bei einer deutschen Estanciero-Familie ist und die 13stündige Eisenbanfart gemacht hatte, um zum Zanarzt zu gehen. Ein ungemein forsches, gesprächiges Mädel, das mir viel von hiesigen Verhältnissen erzälte. Die zweite Gefärtin weit über Menschliches hinaus dick. Eine jüngere Frau, 109 Kilo schwer, die Fettmassen in einen eisernen Panzer gezwängt, ein gesticktes weißes Schleppkleid darüber, große boutons in den Oren, einen Riesenhut auf dem Kopf, mit geschminktem Gesicht und vier (!) Hutschachteln, so fur sie nach Colonel Suarez, um über Weihnachten ihren Mann zu besuchen, der in dem kleinen pueblo von 1000 Einwonern ein kleiner Beamter oder Kaufmann sein mag. Ungenirt zog sie sich aus und bot in dem rosa Battisthemd, in dem ihre ungemeine

Fleischlichkeit schier unwarscheinlich wogte, einen förmlich interessanten Anblick. Morgens gerieten wir drei in ein Gespräch und sie erzälte, daß alle in ihrer Familie tan grueso seien.

Der Eindruck, den der Camp, der nun in seiner ganzen öden Monotonie vor mir lag, auf mich machte, war mehr sonderbar als erfreulich. Immerhin stimmungsvoll, die endlose, durch nichts, keinen Baum, keine Bodenerhebung unterbrochene sterile Ebene. Ab und zu eine Estancia, von einer kümmerlichen Pappelpflanzung umgeben, die jedesmal das Kinderfräulein zu einem «herrlich der Wald! nicht?» begeisterte. Viel Vieh: Pferde, Kühe, Schafe, von wilden, galoppirenden Reitern getrieben; ziemlich viele kleine öde Stationen, die alle denselben Anblick bieten.

Im Speisewagen beim Tee und beim Lunch traf ich Funke, der unterwegs in Eriks Coupé gestiegen. Um 2 waren wir in Estacion Tornquist, wo wir fast ¾ Stunde weilten, bis Funke seine sieben Sachen zusammengesucht. Zu welchen ein deutsches Ehepaar mit 20 Tage altem Kind (!), die neuen Dienstboten, gehörten. Die zwei Herren luden das Gepäck höchstselbst auf den «break», auf dem außerdem das Ehepaar Platz nahm, die junge Frau, zwischen ihrem Mann u. dem peon sitzend, ihr Kindchen säugend; wir stiegen in die Kutsche, Funke ergriff die Zügel, und los furen wir, die Camp-Straße entlang, zwischen alambrados, durch Löcher, Staub, tote Pferde kreuzend, den Bergen entgegen. Denn das war eine große und angenehme Überraschung: Tornquist liegt in einer Gegend!

Es gibt in Argentinien zwei Höhenzüge, außer den großen Cordilleren: die Sierra de Córdoba und die Sierra de la Ventana: und die ist eben unsere. Es ist ein malerisch zerklüftetes Felsengebirge mit schönen Formen, der höchste Punkt 1200 m hoch; durch die absolute Baum- und Strauchlosigkeit hat man den Eindruck, auf einem Plateau im Hochgebirge, auf einer Paßhöhe, jenseits der Baumgrenze, zu sein, und die niedren, ebenerdigen Gebäude und der starke Wind, der fast immer bläst, erhöhen diesen Eindruck. Funke's Estancia, etwa 3 Leguas von der Station, ist direkt hübsch gelegen. Das Haus besteht aus einer Art hall mit Billard, Salon, Eßzimmer, Herrenzimmer, Schlaf- und Badezimmer, verschiedenen Fremdenstuben, mit eigenem Badezimmer u. W. C. (!), kurz: ein wonliches, durchaus komfortables Haus. Von einem großen «Monte» umgeben, Funkes Stolz und Lieblingsschöpfung. Die Anpflanzung ist noch jung, aber in wenigen Jaren werden die Pappeln und Eukalyptus Schatten spenden und einen veritablen Park abgeben, der durch den Blick ins Gebirge wirklich reizvoll sein wird. Der Zuschnitt des Hauses ist durchaus bequem und gut europäisch. Herrlich die absolute Ruhe, Einsamkeit und gute Luft, die morgens u. abends direkt frisch ist.

Am Heiligen Abend hatten wir einen kleinen brennenden Weihnachtsbaum, sonst erinnerte nichts an das Fest. Am 1. Feiertag wurde allerdings auf dem Feld nicht gearbeitet, wol aber wurden die Schafe gebadet und am zweiten war alles bei der «cosecha» tätig.

Wir haben ein paar Spazierfarten gemacht, von Funke kutschirt. Über Stock und Stein, von der Straße ab über den Camp in die Berge, hurre, hurre, hop, hop, hop! Dabei mit einem Gefül absoluter Sicherheit. Lästig ist der Staub; lästig die Fliegen. Auffallend, wie menschenarm die Gegend. Nie sieht man einen Menschen, selten ein rancho. Nur viel Vieh. Auch steht hier der Weizen sehr gut und man hofft auf eine gute Ernte.

Heute strich ich, da Funke an einem steifen Hals erkrankt und Erik ausgeritten, allein
durch den Monte: o die köstliche, furchtlose
Alleinsamkeit! Denn wo keine Menschen – was
soll man da fürchten? Besuchte auch die Frau
Capotay, die mir voll Stolz ihre Schweine, ihre
Kinder und ihr Haus zeigte.

28. Dezember

Heute tobt ein heißer, staubiger Sturm, daß
man sich nicht vors Haus trauen kann. Die Ta-
gelöner, die zur cosecha seit 3 Tagen hier weilen, mußten morgens um 7 wieder einrücken,
da der Wind ihnen alles auseinanderriß.

Auch gestern fur ich, da Funke noch an seinem steifen Hals laborirte, mit Erik allein; wie
vorgestern nach der Station. Der «muchacho»
kutschirte. Und da er die Pferde weniger in der
Gewalt hat, flogen wir wild um einand'. Auf
dem Feld arbeitete die Mähmaschine; die Leute
faren um ½ 5 hinaus, arbeiten bis ½ 12. Um 1
sind sie wieder draußen, bis zum Abend. Dafür bekommen sie, bei freier Station, 5 ½ P. Aber
nur wärend der cosecha.

Als wir heimkamen, hingen zwei frisch-
geschlachtete Schafe über zwei Pferden; und

der majordomo sprengte im Galopp über den Camp, um mit dem lasso eine Kuh zum Schlachten einzufangen. Denn die Köchin braucht Rindfleisch. Nach der anderen Seite sprengte der muchacho im Galopp, um den capataz als Helfer zu holen. Denn Erik, der beim Schlachten helfen wollte, erlaubte ich's nicht.

Abends umglühten zallose Leuchtkäfer das Haus, am Himmel glänzten Millionen Sterne.

29. Dezember

Der gestrige Tag war eine Prüfung! Ein glühend heißer Sturmwind fegte über das Land, wirbelte unendlichen Staub auf, benahm einem den Atem, legte sich schwer und schmerzend aufs Gehirn, lämte jede Tätigkeit. Man konnte den ganzen Tag nicht vors Haus treten. Gegen Abend zogen schwere dunkle Wolken auf, mit rötlichgelben Säumen, die verderbenschwangeres Hagelwetter bargen. Wir gingen ein wenig in den Monte hinaus, und ganz plötzlich, one irgend welchen Übergang, wurde der eben noch glühend heiße Samum zu einem eisigkülen Luftstrom. Der Wind war von Norden nach Süden umgeschlagen. Nach Weltuntergang, nach Götterdämmerung sah der Himmel aus.

Oben bleiern schwer, dräuend und schwarz-
grau, mit einemmal in fales Rotgelb überge-
hend, von dem in Abständen, gleich düsteren
Vorhängen, tiefschwarze Wolken bis zur Erde
niederhingen, in denen one Unterlaß grelle Blitze zuckten. Bald war rundum der ganze Himmel durch Blitze taghell erleuchtet, der Donner
grollte, und der Sturm, der einen Augenblick
geschwiegen hatte, gleichsam um neue Kraft
zu sammeln, brach mit erneuter Heftigkeit los,
jagte wolkenbruchartigen Regen prasselnd gegen die Fenster und ließ das Häuschen in seinen Grundfesten erbeben. Aber den gefürchte-
ten Hagelschlag, der mit eins die glänzenden
Ernteaussichten jäh vernichtet hätte, den hatte
er glücklich vorübergetrieben. Nun hat er wol
eines Nachbars erhofften Segen vernichtet.

Die ganze Nacht tobte der Sturm. Auf die
gestrige lämende Hitze ist heute ein eisigküler
Tag gefolgt; sodaß ich, in warme Kleider gehüllt,
dasitze und der Sturm, der immer weiterrast,
durch die Fenster pfeift und alles durcheinander wirbelt: Hausarrest. –

Mit Erik hatte ich folgende Unterhaltung: Ich:
«liegt dir an einem Zusammenhang mit Zuhaus
garnichts mehr? bist du so liebelos, daß du alle

Fäden zerreißt?» Er: «nein, warum?» Ich: «weil du auf mein inständiges, dringendes Bitten an Mimchen, die dir nun so liebevoll schrieb, zu Weihnachten wieder keine Zeile geschrieben hast.» Er: «ich wusste nicht, was.» Ich: «das sind alberne, kindische Ausflüchte; schreib' halt dein tägliches Leben.» Er: «*ich habe kein tägliches Leben!* was für ein Leben hab' ich denn überhaupt?!» und das mit zuckendem Gesicht und feuchten Augen. Ich erkannte deutlich: *man muß dem Buben ein Leben schaffen.*

1. Januar 1908

Nichts markirt Neujar. Gestern tranken wir zur Sylvesterfeier Sekt, gingen wie immer um 10 ins Bett. Es war wieder ein erstickend heißer Tag gewesen, ein glühender Wind machte den Aufenthalt draußen unmöglich, ich rürte mich nicht aus dem Haus. Abends trat one Übergang küles, herrlich frisches Wetter ein, die Wolken verschwanden, ein Sternenhimmel von seltener Pracht leuchtete ins neue Jar. Heute ist es ganz empfindlich kül; ich schepperte bei der Spazierfart in meinem dicken Mantel vor Kälte. Wir furen wieder die Felder entlang, besichtigten die Fortschritte der Mäharbeit: denn jetzt in der cosecha gibt's keinen Feiertag, es wird von morgens ½ 4 bis in die Nacht gearbeitet: [Auslassung in der Handschrift] und atadora sind in unausgesetzter Tätigkeit. Abends traf, wie ein phantastisches Ungetüm sich vom Berge in den Himmel abhebend, die Dreschmaschine ein.

Wir stießen auch auf den Inspektor der Hagelversicherung, der mit einem Kolonisten den neulichen Hagelschaden besichtigte und ihn, der Angabe der Kolonisten auf 50 % zum Trotz, auf null zurückfüren wollte. Wie es scheint, mit Recht.

5. Januar

Wir haben am 2. Januar einen Ausflug nach Bahia Blanca und der Meyerschen Estancia El Retiro gemacht, von der wir gestern früh wiederkehrten. Die Fart zur Eisenban war so kalt und windig, daß wir in Tornquist beinahe umkehrten! Die Eisenbanstrecke öde, monoton, steril. Bahia eine neue, im Werden begriffene Stadt, in der ein lebhafter Handel und ein sich immer vergrößernder Hafen den Leuten die Möglichkeit gewärt, Geld zu verdienen. Haben sie genug, dann reißen sie aus. Breit angelegte Straßen mit niedrigen Häusern, durch die der immer wärende Wind rasende Staubwolken jagt – eine Straße wie die andere. Das Hôtel ganz anständig und sauber, mit riesigem Speisesaal, in dem Gläser-Musik, von drei Fräuleins sinngemäß ausgeübt, und Kinematograph das dinner würzten. Der Hafen, in 10 Minuten Eisenban erreicht, «Ingeniero White», nicht interessant, höchstens als Entwicklungsstadium, wie die ganze Stadt. Das Pueblo, ein buntangestrichenes Holzbarackenlager, eine Matrosenkneipe an der andern, wie eine Jarmarktsveranstaltung.

Am 3ten tranken wir früh um ½7 in Konsul Meyers hübschem, großem Stadthaus, das förmlich eine Sehenswürdigkeit zu sein scheint, einen wolservirten Tee, dann furen Erik und ich mit Meyer in dessen Auto – einer extrastark gebauten Benzmaschine – in 2 Stunden 50 Minuten die 20 Legua (100 km) nach seiner Estancia El Retiro. Die Gegend wie immer: Camp, Camp, Camp, aber mehr Chacra's als auf unserer Seite der Sierra. Dann kommt man der Sierra näher und es wird mehr Ackerbau getrieben. Die Straße, stellenweis für eine Camp-Straße recht gut, ist streckenweis so miserabel, daß man sie einem europäischen Automobil nicht zumuten dürfte:

tiefe Löcher, Furchen, Gräben und Sümpfe, sodaß man in den Camp ausbiegen muß, um nicht
zermürbt zu werden; dann Flüsse, mit und one
Wasser, durch die man anstandslos saust, und,
wo die Straße verhältnismäßig leidlich, mit
erheblicher Geschwindigkeit. Das Meyersche
Haus ist eine richtige «Altos»-Villa, bequem für
größeren Familiengebrauch, die Quinta schon
besser angewachsen, mit förmlich schattigen Al-
leen. Der Zuschnitt der äußersten Gastlichkeit:
außer uns noch eine Familie Denker mit zwei
Kindern und Bonne zum Besuch, beim Frühstück ein englischer Ingenieur – und das alles
so selbstverständlich und glatt, trotz fortgelau-
fener Köchin und kranken Stubenmädchens.
«Fräulein» kocht, und es gibt eben, was es gibt.

Frau Meyer ist eine hübsche, anmutige, noch
junge Frau, der man den siebzehnjärigen Son
kaum glaubt. Sie ist Italienerin, in Venezuela
geboren, fünfzehnjärig mit einem angesehe-
nen Argentinier Novaro verheiratet, der nach
dreimonatlicher Ehe 1890 in der Revolution
erschossen ward und von dem sie sechs Monate nach seinem Tode den hübschen Ponchito
gebar. Ihre bedeutende Wittwenpension ging
bei ihrer Meyer-Heirat auf das Kind über, das

schon jetzt ein reicher Jüngling geworden ist. Alle zwei Jare geht die ganze Familie auf sechs bis acht Monate nach Europa, und ihr Traum ist, wie aller, nach getaner Arbeit ganz dorthin zu siedeln. Das Leben in Bahia Blanca muß entsetzlich sein, und man kann sich in Europa von dieser Trostlosigkeit wol schwer einen Begriff machen. Auf der Estancia die übliche Existenz: lange, reichliche Malzeiten, sehr lange Siesta, nachmittags Spazierfart, abends früh ins Bett; gehen ausgeschlossen.

Mit derselben selbstverständlichen Gastlichkeit fürten wir am nächsten Tag das Ehepaar Denker im Automobil, durch die Sierra, unserm Funke zu, der enttäuscht war, nicht auch die sämmtlichen Meyers beherbergen zu dürfen.

7. Januar

Gestern fur Funke nach Buenos Aires, morgen werden wir mit «Frl. Amalie» folgen; trotzdem sie uns dringend eingeladen, doch auch one Herrn Funke hier zu bleiben und gestern beim dinner, als ich den vielen aufgetragenen Wein refüsiren wollte, da Herr F. verreist sei, mir mit schlauem Blinzeln erwiderte: «erst recht! Das müssen Sie doch ordentlich ausnützen.»

Es ist heute, wie auch schon gestern, glühend heiß; der Hochsommer brach mit Macht herein. Ist aber hier, weil trocken, erträglich, im Gegensatz zu der drückenden Schwüle von Buenos Aires. Immerhin sitzt man in gänzlich verdunkelten Räumen – schon der quälenden Fliegen wegen –, und an dies licht- und luftlose Leben wärend drei Vierteln des Tages gewöne ich mich schwer.

Gestern Abend spazierte ich ein wenig mit Erik unterm leuchtenden Sternenhimmel, an dem Sirius, Orion und südliches Kreuz besonders funkeln. Wir traten einen Augenblick an die Peon-Küche, vor der einige Peone (die meisten sind mit novillo's nach Bahia Blanca) ihren asado verzehrten, ein Viertel gebratenen Lamms, auf einem Stock am offenen Feuer gebraten, von dem ein Jeder sich mit dem Messer seine Portion heruntersäbelt. In der Küche war ein schwälendes Feuer, in dem Fett zerlassen wurde, und in dem trüben Rauch, der den Raum erfüllte, gewann er das Aussehen einer Hexenküche. Stundenlang können die Peone so sitzen, Mate trinken, und sich in pausenreichen Gesprächen ergehen. Sie sind unter einander ungemein höflich, nennen sich nicht nur

«Udi», sondern auch Señor und Don mit dem Vornamen.

8. Januar

Nun hätte ich auch diese Sensation noch erlebt! Gegen 6 saß ich, matt vor Hitze den Reuter lesend, vorm Haus, als ich den muchacho in rasendem Galopp vorübersausen und bald darauf, drei Pferde vor sich treibend, ebenso zurücksprengen sah. Dachte mir nichts dabei. Als wir uns eben zum Essen gekleidet hatten, kam Amalie, uns eine dicke Rauchwolke weisend: es brenne schon seit ein paar Stunden auf Herrn Funkes vier Legua entfernter Estancia. Die Leute seien alle hinübergeritten. Erik war, mit Recht, sehr ärgerlich, daß man ihn nicht benachrichtigt. Im Augenblick war er wieder umgekleidet, sprengte, wie vorher der muchacho, in den Camp, sich ein Pferd einfangen, aß in aller Eile etwas, und gegen acht galoppirte er, des Weges völlig unkundig, in die Nacht, mich angstvoll und aufgeregt zurücklassend. Mit Amalie und ihrem Bruder stand ich unterm Sternenhimmel bis nach 10, und wir beobachteten den Brand, der bald in hellen Flammen emporlohte, bald in einem roten Schein qualmte, kleiner wurde, zu erlöschen schien und mit erneuter Gewalt zum Himmel leckte ...

Es folgte eine angstvolle Nacht; Amalie und ich ganz allein im Haus, jede in einem Flügel des Patio schlafend. Schlafend? Nicht viel. Zu meiner Sorge um Erik, dem Gefül der Unsicherheit, gesellte sich ein furchtbares Unwetter, die Gluthitze des Tages löschend. Alle Augenblicke lief ich ans Fenster, das Feuer zu beobachten, das erst gegen Morgen durch den niederprasselnden Regen wol völlig zusammensank. Der ganze Himmel war zeitweis ein greller Blitz; der Donner krachte, Regen und Hagel wechselten. Oftmals schlugen die Hunde an. Und Erik one Schutz, im leinenen Jäckchen, auf fremdem Pferd, auf unbekanntem Terrain!

Morgens um ½ 10 kam er ganz vergnügt und überaus dreckig nachhaus, hatte nach seiner Gepflogenheit einen großen Aufwand nutzlos vertan. Im Dunklen den Weg verfehlt, um 12 nicht auf die Estancia könnend wegen der wütenden Hunde, das Feuer nicht erreichend wegen der unauffindbaren Tranquera, hatte er sich schließlich bei dem größten Unwetter im Freien unterm Ricao schlafen gelegt und war morgens um 4, als der Brand gelöscht war, glücklich angerückt. Der Schaden soll nicht so groß sein: nur Camp, der sich schnell ersetzt, kein Vieh verbrannt.

Viña del Mar, Gran Hôtel, *16. Januar*

Nach dreitägigem, heißem, unerfreulichem Aufenthalt in Buenos Aires fur ich am Sonntag 12ten früh um 8 mit Erik nach Chile ab, Schlafwagen bis Mendoza, wo wir Montag früh um 5 ankamen. Die Gegend bleibt immer gleich monoton und trostlos, trostloser noch waren Hitze und Staub. Auf ein minimum entkleidet saß man, Männlein und Weiblein, und der Schweiß rann in Bächen an einem jeden entlang. Dazu ein Staub, der einem zeitweis Erstickungsgefüle verursachte, sodaß man trotz Hitze dann die Fenster schließen musste. Matt wie die Fliegen saßen die Reisenden da. Wir hatten nachts hinter den Jalousien das Fenster offen gelassen und erwachten morgens mit einer grauen Staubdecke völlig überzogen. In unserm uralten Schlafwagen war keine Waschtoilette, die Reinigungsmöglichkeit also schwach bestellt. Hingegen die Verpflegung im comedor ganz leidlich.

In Mendoza, das mit seinen Baumalleen ganz freundlich und eigenartig wirkt, kamen wir auf die schmalspurige F. C. Trasandino Argentino. Die Hitze hatte nachgelassen, da Mendoza schon 750 m hoch liegt. Zunächst bleibt die hier unter besonderer Trockenheit lechzende Gegend entsetzlich öde, dürr und staubig, allmählich kommt man in die Berge, und es wird, trotz absoluter Kalheit, landschaftlich interessant; die Felsen weisen interessante Formationen auf, unten wälzt sich die Mendoza mit schmutzig gelben Fluten, zalreiche Brücken füren über das Wasser, weiße Schneewiesen tauchen im Hintergrund auf. Die Maschine will nicht recht arbeiten, alle halbe Stunde steht der Zug. Wenn in dem engen Felsental, in ödester Wildnis, der Zug auf der Strecke hält, die Reisenden herunterklettern und sich auf Steinen, am Geröllhang malerisch gruppiren, so sieht es recht aus wie auf einem unwarscheinlichen Kinematographenbild.

Man servirt den ganzen Zug durch ein schlechtes almuerzo von fünf Gängen, was 2½ Stunde in Anspruch nimmt. Da wir aber allmählich 3½ Stunden Verspätung erreicht haben, haben wir ja Zeit. Mit uns lunchen zwei empleados der englischen Eisenban-Compagnie, der eine ein abenteuerlicher, flotter junger Mann, der seit 10 Jaren an dieser Cordillerenstrecke als Ingenieur lebt und um keinen Preis länger als drei Monate mehr in England weilen möchte: «they are so damned cultivated, they live all in houses …» und er zeigte uns im Vorüberfaren einen elenden kleinen rancho, in dem er zwei Jahre gehaust hatte.

Nun, endlich um ½4 anstatt um 12 kamen wir in Las Cuevas (3200 m) an, von wo man, da der Eisenbantunnel auf Jahre hinaus noch der Vollendung harrt, in coches oder auf mulas weiter befördert wird. Ungemein schnell waren die einigen 70 Passagiere in die circa 20 coches verteilt, wärend vielleicht 80 Herren ritten und das gesammte Gepäck ebenfalls auf Maultieren verladen wurde. Wir kamen mit vier deutschen Herren, die wir schon kannten – von Östereicher, Behrend, Koke und Dr. Richter –, zusammen in solch einen primitiven, mit Leinwand bespannten break, der von 4 Pferden gezogen wird. Und los ging die Fart, die toll genug aussieht. Die Straße ist durch eine Geröllhalde gefürt, über Stock und Stein färt in raschem Tempo selbst bergauf der holperige Wagen und schüttelt einem Leib und Seele durcheinander. Der Staub aber hört selbst nicht auf, als der Schnee wie eine Mauer sich zu beiden Seiten der Straße türmt. Die zwanzig vierspännigen Wagen, dazwischen die Reiter und «cuarteleros» in ihrer malerischen Räuberhauptmannstracht, dahinter die mulas mit dem Gepäck, alles in eine dichte Staubwolke gehüllt – es gewärt einen ebenso malerischen wie romantischen Anblick.

Oben auf der Höhe von 3900 m steht auf der Grenze von Argentinien und Chile ein riesiger gusseiserner Christus. Den aber will der Gastwirt aus S. Jago, der vor einigen Jaren das üppige Festmal zuehren der Einweihung geliefert hat, pfänden lassen, da beide Staaten sich weigern, ihm seine Kosten zu zalen!!

Bergab, wo die Fart im Galopp geht, wird die Sache ganz unheimlich, und zum Genuß der großartigen Natur kommt man kaum, da der Staub, die Stöße und die rasende Fart einem den Atem schier benehmen. Die Gepäcktiere stürmen in unwarscheinlichem Tempo den Berg herunter und, krach! fliegt hier ein Koffer gegen den Felsen, krach! dort eine Kiste gegen einen Stein, aber unaufhaltsam rast die wilde Jagd weiter!

Endlich, nach drei Stunden, ist man in (2222 m) Juncal, wo die chilenisch trasandinische Ban wieder einsetzt; aber es ist 7 Ur geworden und an Weiterfart nicht zu denken. Man wird im «Hôtel» untergebracht, das auf diese plötzliche Invasion nicht vorbereitet ist. Zunächst aber findet die Gepäckrevision statt, die wieder ein malerisches Bild wirren Durcheinanders gewärt. In dem engen Felstälchen drängen sich die Wagen auf einem Haufen, die Gepäcktiere rasen dazwischen, die Treiber schreien, die Reisenden tun desgleichen in zehn lebenden Sprachen, keiner findet seine Sachen aus diesem sich türmenden Gepäckhaufen; und schließlich kommt man dann doch in das «Hotel», ein kleines ebenerdiges Unterkunftshaus, in schmalem Felstal romantisch eingeklemmt. Ich werde mit zwei jungen argentinischen Frauen zusammengetan, und als wir uns eben des leergebliebenen vierten Bettes freuen, kommen noch zwei Damen mit einem sieben Monate alten baby hinzu! sodaß wir in einer kleinen, kleinen Kammer mit vier Betten fünf Damen und ein baby waren! Die arme junge Mutter war wol beklagenswerter als wir, denn sie hatte die ganze strapaziöse Reise, schon von Europa her, mit dem Kindchen machen müssen; aber ich war doch so angegriffen und totmüde, daß ich dem Schicksal grollte, zumal das Kind brüllte, der Vater noch zu Hülfe gerufen wurde und die Mama mit der anderen, einer hülfsbereiten alten «vinda» aus Mendoza, alles mit Beschlag belegte, was das Zimmer bot: *den* Waschtisch, *die* Wachschüssel, *den* Eimer, *das* Licht, *den* Stul. Und soupiren taten sie, zur Verbesserung der Luft, auch noch im Schlafgemach; wärend wir ein elendes Nachtmal in einem rauchigen trüben Eßzimmer servirt bekamen, wofür, nebst Logis, 9 Ps. pro Person traf! Nun, auch diese Nacht ging zuende, und zwar um ½4, da um 5 der Zug weiter fur. Morgens teilten mir die jungen Frauen mit, es sei doch ein komischer Zufall: wir vier Frauen seien in einem Zimmer gewesen und unsere vier esposos auch. «Esposos?» «Si, los nuestros, y su señor esposo tambien.» «Pero no es mi esposo, es mi hijo!» was sie garnicht glauben wollten. Wie denn Erik und ich auf der ganzen Reise stets für ein «matrimonio» gehalten wurden.

Die Fart von Juncal bis Los Andos auf der chilenisch trasandinischen Ban ist wunderschön, zunächst sehr großartig durch enge

Felsschluchten, mit Einblicken in wilde Klamms (salto del soldado), weiter unten beginnt Baumwuchs, liebliche Täler, Gartenland, von den starren Bergen begrenzt. So öde und steril es auf der argentinischen Seite ausschaut, so landschaftlich schön und reizvoll ists auf der chilenischen. «In einem so wunderhübschen Land müssen die Menschen doch gut und liebenswürdig sein», meinte warm und ehrlich entzückt Erik, der seit zwei ½ Jaren keine schöne Natur mehr gesehen. Um ein Ur kamen wir, nach einer zum Schluß noch sehr heißen Fart, denn doch recht ermüdet in Valparaiso an, in dem mittelmäßigen Royal Hôtel leidlich untergebracht.

17. Januar

Valparaiso liegt sehr schön am Meere, die Stadt baut sich ziemlich steil terrassenförmig am Berge auf, hohe Berge ragen darüber hinaus. Die untere Stadt hat einen wesentlich andern Charakter als B. Aires, die Straßen sind breiter, die Häuser höher; im übrigen uninteressant. Die Luft ist frischer und trockener. Entsetzlich sind die Überreste der Erdbebenkatastrophe von vor 2 Jaren: ganze Straßenzüge liegen noch in Schutt und Trümmern; kleine Wellblechhäuser ersetzen zumeist die eingestürzten Bauten. Auch das Theater ist provisorisch aus Wellblech errichtet. Interessant ist die obere Stadt, deren erste Terrasse man mit Drahtseilbanen erreicht. Die Straßen, vielfach hübsche Villenanlagen, ziehen sich sehr steil den Berg hinauf, mit herrlichem Blick vorn übers Meer, rückwärts in die Berge. Der Verkehr mag, der Steile wegen, recht erschwert sein.

Da die Stadt weiter nichts bietet, siedelten wir nach eintägigem Aufenthalt nach dem eine viertel Stunde entfernten Viña del Mar, wo wir im Gran Hôtel ganz gut unterkommen. Es liegt leider fast eine halbe Stunde vom Strande entfernt, an dem sich gegen Abend ein sehr mondänes Leben entfaltet. Der Strand ist nur ganz klein, wie ein von hohen Felsmauern umgebenes Theater wirkt der halbrunde Platz, an dem das Leben sich abspielt. Eine ganze Wagenburg baut sich allmählich auf, elegante Damen kutschiren selbst, sehr geputzte Kinder entsteigen den verschiedenen Gefärten, Reiter tummeln sich dazwischen, hinten an den Felsen geklebt steht ein Pavillon, in dem die Militärkapelle musicirt. Die Scenerie ist absolut großartig:

die steilen Felswände, auf deren Höhe sich Menschen versammeln, um das Treiben unten zu genießen, ragende Felsblöcke, die wie unzugängliche Inseln ins Meer vorgeschoben sind und gegen die das Wasser hoch aufschäumend brandet, und die großen, breiten, mächtigen Wogen, die in weißem Gischt sich gegen das Ufer brechen, alles von der untergehenden Sonne rot und warm übergossen – es ist ein einzigartiger, wunderschöner Anblick.

Vormittags steige ich mit Erik in die Berge, die sich unmittelbar hinter unserm Hotel erheben. Zunächst kommt man in einen mächtigen Eukalyptuswald, klettert herunter in wildromantische Schluchten mit dichtem, verwachsenem, grünem Gehölz, dann wieder hinauf, ein weiter, prächtiger Blick über das blaue Meer; und plötzlich stehen wir vor einem Palmwald, als wäre man in die Tropen versetzt. Man kann stundenlang auf zum Teil vorzüglichen Wegen herumstreichen, dann wieder auf steilen Hängen klettern, und wir genießen diese Reize in vollen Zügen; zumal Erik, der förmlich ausgehungert nach Natur war.

19. *Januar*

Heut am Sonntag schaute ich in die Kirche von Viña del Mar, die provisorisch in einem kleinen Saal abgehalten wird, da die eigentliche durch das Erdbeben zerstört in Trümmern liegt. Alle Frauen aller Stände sind schwarz gekleidet, mit dem eigentümlichen chilenischen schwarzen Gaze- oder Krepptuch um Kopf und Schultern. Die Damen, die diesen Brauch nicht mitmachen, tragen einen schwarzen Schleier auf dem Kopf – Hüte scheinen in der Kirche verpönt. Es sieht malerisch und charakteristisch aus in diesem Lande, in dem sonst alle Kleidung vereuropäisirt ist.

Nach der Kirche stiegen zwei kleine Mädchen von 7 bis 9 Jaren, in Wadenstrümpfen und weißen Kleidchen, auf zwei Pferde und galoppirten im Herrensitz durch eine der Villenstraßen, durch die ich promenirte. Aus einer Villa stürzte zu ihrer Begrüßung ein gleichaltriges Kind, gefolgt von sieben Hunden, zwei Hünerhunden und fünf Terriern – das gab ein lustiges und überraschendes Bild für europäische Mutteraugen!

Abends Ball im Hôtel: Causa non lucendo!

Santiago, 21. *Januar*

Gestern vormittag waren wir noch einmal in Valparaiso, wo ich das Bild entsetzlicher Zerstörung womöglich noch stärker empfand. Das provisorische Theater war soeben ein Raub der Flammen geworden: wir fanden seine noch rauchenden Trümmer, und die ganze Stadt angefüllt mit Feuerwehrleuten in verschiedenfarbenen Röcken. Überall wird der Schutt weggeräumt, an den alten Unglücksstätten neu gebaut. Bewundernswert der leichte Sinn der Menschen, die sich unbesorgt ansiedeln, wo 7000–8000 Opfer und eine halbe Stadt zugrunde gingen! Dabei bebt es fortwärend manend, auch wärend unserer Anwesenheit habe es zweimal leise gebebt; wovon wir gottlob nichts gespürt haben.

Die Fart gestern nachmittag hierher, vier Stunden, war heiß und ermüdend; bis Llai-Llai hübsch, aber schon bekannt, dann dunkle Nacht; die Ankunft hier mit Gepäckschwierigkeiten verknüpft. Wärend ich vorm Banhof eine halbe Stunde auf Erik wartete, kamen fortwärend Buben auf mich losgetänzelt: «señorita, un cochecito?» Cochecito ist auf diese traurigen Leichenwagen eine onmaßen kokette

192

Bezeichnung! Im Hôtel Oddo, einem ziemlich alten Kasten, bekamen wir ganz anständige, sehr heiße Zimmer nach einem bedeckten Gang, der sich auf Dächer mit Katzen und Blumentöpfen und einem Stückchen blauen Himmel öffnet, auf dem es lebhaft und geräuschvoll zugeht.

Die Stadt macht einen ganz eleganten, großstädtischen Eindruck, mit schöner Plaza, breiter Avenido, hohen Häusern, hübscher Kathedrale. Vom Cerro Santa Lucia, einem mit Baum- und Gartenanlagen schön bepflanzten Hügel, hat man einen prächtigen Blick über die Stadt in die Berge. Wie in Valparaiso tragen die Frauen hier das charakteristische schwarze Tuch, das malerisch Kopf und Oberkörper drapirt.

Der Nachmittagsspaziergang im «Parque» war nicht besonders erfrischend, da der Park wie der Corso gleich dürftig. Den Hauptplatz nimmt inmitten der Anlagen das Exercierfeld ein, ein Riesenplatz, von den Bäumen des Parks umramt, über die die hohen Anden hineinragen und dieses «Marsfeld» wol zu einem landschaftlich einzigartig hübschen machen. Wir sahen lange den Übungen der Artillerie zu, die mit ihren störrischen Maultieren recht gut manövrirten. Abends auf der sehr hübschen Plaza ziemlich lebhaftes aber unelegantes Treiben.

23. Januar
Der Besuch der Quinta Normal erwies sich als überflüssig; immerhin ist der Garten hübsch angelegt, mit schönen Bäumen. Im «Stor» von E. u. W. Hardt erstand ich bei dem dortigen Vertreter ein chilenisches Tuch; die einzige Erwerbung, die ich aus Südamerika heimbringen werde: europäischer Provenienz.

Buenos Aires, 26. Januar
Die Reise Santiago – Buenos Aires brachte wieder manches Abenteuer. In Los Andes, wo man nach vierstündiger Fart schon übernachten musste, hat die Ban-Gesellschaft ein sehr anständiges Hôtel mit elektrischem Licht, laufendem Wasser in den Zimmern (vorläufig noch schmutzig gelb) und durchaus sauber und komfortabel eingerichteten Räumen hingebaut. Ein Deutscher saß zwar schimpfend im Speisezimmer, weil ihn um ½11 abends kein fertiges Souper erwartete: «an diese Reise, an diese infame Bude werde ich denken!» *Wir* waren, an Juncal denkend, mit diesem hölzernen

Berghôtel sehr zufrieden, ich teilte mit Erik als matrimonio ein luftiges Zimmer; um vier wurde man geweckt, um fünf gings weiter.

In unserem Coupé furen sechs Schwestern vom Sacré Cœur, von denen sich, als sie uns deutsch sprechen hörten, zwei hocherfreut zu uns setzten. Es waren Deutsche, die eine aus Vorarlberg gebürtig und seit dreiundzwanzig Jaren in Santiago, die andere, die Chorschwester, aus Berlin und seit sechsundzwanzig Jaren in Chile. Beide hatten eine fremde Aussprache, und sie mußten oft mühsam um den deutschen Ausdruck ringen. Ich lobte die schöne Kathedrale in Santiago. Die hätten sie nie gesehen. Wie denn? Waren sie nicht über zwanzig Jahre dort gewesen? Gewiß; aber nie, nie hatten sie ihr Haus verlassen; so will es die Regel. Sie kennen von Santiago nur ihr Haus, ein Erziehungshaus, und den Weg zum Banhof. «Und das ist auch für den inneren Frieden viel besser», meinte die eine. Auf meine Bemerkung: «one Kampf kein Sieg», erwiderte sie, Anfechtungen gäbe es ja immer. Dann erzälten sie von dem ungeheuren, unbeschreiblichen Entsetzen, das das Erdbeben vor eineinhalb Jaren auch bei ihnen hervorgerufen, wie die armen kleinen Zöglinge sich an die

Schwestern angeklammert, wie alles zugrund zu gehen schien.

Verblüffend, irritirend, aufregend wirkte nun auch diese Reise auf sie, die sie aus ihrem engumfriedeten Heim auf einmal in die wilde Welt unternehmen mussten, um auf Befehl neue Häuser in Montevideo und Rio zu eröffnen. Alles war ihnen neu, wunderbar, erstaunlich. Erik erwies sich ihnen hülfbereit mit Wort und Tat, obwol sie alle sechs alt und unschön waren.

Die von der chilenischen Seite diesmal fünfeinhalbstündige Fart von Juncal nach Las Cuevas legten wir in einem viersitzigen break mit einem langbeinigen hageren Chilenen und einem hübschen und sehr netten Engländer zurück, der mir bereits unterwegs so vertrautbekannt vorgekommen war, bis wir uns durch eine zufällige Bemerkung plötzlich gegenseitig wirklich erkannten. Es war der Engländer, mit dem ich im Expreß Paris–Lissabon an einem Tischchen dinirt und mit dem ich im AvenidaPalace-Hôtel abgestiegen war. Kleine Welt!

Wir unterhielten uns mit Mr. Steward sehr gut, und die längere Fart war mir diesmal kürzer und weniger anstrengend, zumal ich an dem inneren Platz weniger Stöße empfing als das erstemal an dem Außensitz; auch die wirklich großartige, gewaltige Natur besser genießen konnte. Das malerische Bild des Aufzugs war das gleiche; wir furen, der banditenhaften Arbeiter auf der Strecke wegen, bis zur Cambre unter bewaffneter Bedeckung. Auf der Höhe begann es zu schneien und zu hageln; in Las Cuevas, gleich nach der Ankunft, brach ein förmliches Unwetter los – aber da waren wir geborgen. Zuerst in dem stinkigen Lokal bei einem miserablen lunch; dann im Zuge. In den in Puente del Inca richtig wieder der nette Streckeningenieur, Mr. Mollier, zu uns stieg; diesmal aber als gentleman gekleidet. Weiter nach unten herabsteigend, hörte der Regen auf, wir kamen abends bei erheblicher Wärme um ½ 10 in Mendoza an; wo wir im «Gran Hôtel» telegraphisch zwei Zimmer bestellt hatten. Der Wirt aber, ein unsympathischer Italiener, hatte eine bewusste Mischkulanz gemacht und uns nur ein ganz kleines Kämmerchen mit einem schmalen Bett reservirt: was doch selbst unsere laxen Gewonheiten überschritt. Wir standen ratlos, deliberirten, und als ich mich eben entschlossen hatte, die Kammer für mich allein zu nehmen, teilte der Wirt uns sehr von oben herab mit, sie sei soeben anderweitig vergeben worden.

Erik schäumte; aber sonst tat er nichts. Bis ich den Portier fragte, ob denn kein anderes Hôtel am Ort sei und er mich wies: si, en frente, a la plaza, el Hôtel de France. Wir nahmen also einen Wagen, furen mit unserem Gepäck vis à vis ins Hôtel de France und mussten froh sein, daß wir, nachdem wir zum Erstaunen der Wirtin wieder kein matrimonio waren, zwei piezas erhielten. Die näher zu untersuchen berechtigte Scheu mich abhielt. Doch sah ich mich bemüßigt, wenigstens den einen mit fremdem Inhalt gefüllten, übelstinkenden Nachttisch eigenhändig auf den patio hinauszutragen; freute mich auch, der muffigen Wäsche gegenüber, zum ersten Mal des eigenen Handtuchs und Kissens. Bis 2 Ur suchte ich vergeblich den Schlaf; denn Hitze und Mosquitos brachten mich zum Wansinn. Lüften war unmöglich, da die Tür direkt auf den bevölkerten patio mündete, im Hintergrund eine Luke in einen Verschlag mit schnarchenden peonen und gurrenden Tauben ging. So nahm ich mein Kissen und meinen Mantel und setzte mich auf einen Korbsessel in den patio hinaus, wo die Luft reiner und mosquitofrei war und wo ich bis gegen 5, als die ersten peone erschienen, von Zeit zu Zeit wenigstens einnickte.

Vor- und nachmittags spazierten wir durch die Stadt, die charakteristisch und reizvoll genug ist mit ihren sehr breiten Straßen, durchweg ebenerdigen Häusern und den prachtvollen, riesigen Pappel-Alleen, die in zwei Reihen jede Straße zu einem Laubengang machen; sodaß Mendoza völlig in einem grünen Nest liegt. Uns wurde erzält, daß dieser einzige Schmuck der Stadt, die herrlichen Bäume, gefällt werden sollen, da sie – die Schaufenster der Läden zu sehr beeinträchtigen! Ich kann aber an diese Barbarei nicht glauben. Unwichtig sind die aus dem Erdbeben von 1861 stammenden «Ruinen von Mendoza». Interessant, daß man uns im Hôtel de France für zweiundzwanzigstündigen Aufenthalt 1½ Tage Logis u. Pension berechnete, sodaß wir in diesem herrlichen Schweinestall mehr bezalten als im Royal Hôtel in Buenos Aires!

Die Fart nach Buenos Aires war diesmal weniger anstrengend und nur verhältnismäßig kurze Zeit heiß und staubig: da nachmittags Regen einsetzte, unter dessen Rauschen wir auch abends um ½9 mit eineinhalbstündiger Verspätung im ziemlich vereinsamten Royal Hôtel eintrafen.

28. Januar
Hier herrscht politische Aufregung, man hält eine revolutionäre Lösung nicht für ausgeschlossen. Der Präsident Figueroa Alcorte, der mit dem Kongreß schon lange in Misshelligkeiten lebt, hat denselben kurzer Hand geschlossen: was als ein Staatsstreich und eine ungesetzliche Handlungsweise gilt. Die Zeitungen eifern sehr wider ihn, alle Truppen sind konsignirt, man erwartet die Verhängung des Belagerungszustandes.

29. Januar
Heut fand ein großer Demonstrationszug zugunsten des Präsidenten nach der Casa rosada statt. Ich schlenderte gegen 6 durch die Straßen, die belebt, aber nicht gefärlich aussahen. Auf der Plaza stand eine dichtgedrängte Menge; an der Ecke Avenida-Florida drehte ich um, weils mir nicht mehr recht geheuer schien für ein einsam' Weib. Die Leute, ausschließlich Männer, sprachen und gestikulirten lebhaft, lasen

die Zeitungen, die unter ungeheurem Gebrüll
«manifestación del Presidente!» ausgerufen
wurden; aber sonst schien nichts vorzugehen.
Alle Fenster, alle Dächer waren mit Zuschau-
ern besetzt. Erik tadelte sehr meinen Wagemut,
daß ich mich allein unters Volk begeben.

Rincón Tres Picos, *1. Februar*

Seit vorgestern Mittag weilen wir wieder auf
der Estancia, auf Funke's Einladung, die ich
gerne annahm, da wir in dem unsympathi-
schen heißen Buenos Aires leider nichts zu versäumen haben. Hier ist inzwischen noch einmal ein erheblicher Brand gewesen, bei dem
viel Weizen verbrannt ist, dazu vier Pferde und
auch ein Mensch. Funke ist verstimmt, da ihm
auch geschäftlich dies Jar alles quer geht. Der
arme Kolonist, der durch die glänzende Ernte
aus all seinen drückenden Verpflichtungen her-
auszukommen hoffte, ist durch den Brand wieder auf Jahre ruinirt.

Sonst ist hier alles unverändert, das Wetter
jetzt frisch und angenehm. Das deutsche Ehepaar, das damals mit uns gleichzeitig antrat, ist
wegen Untüchtigkeit schon wieder entlassen.
An seiner Stelle waltet Amalie's Freundin, Frau

Gretchen Alvarez. Gestern veranlasste Amalie einen Spazierritt. Nach dem Tee stiegen zu Pferde: Funke, Erik und der muchacho, ich in Amalie's Reitrock, Frl. Amalie und señora Gretchen one Hut, mit Schleiern – und los gings im Galopp! Gewiß eine originelle, mal wirklich südamerikanische Kavalkade. Wir ritten 1½ Stunden, fast ausschließlich Galopp, und wurden nur durch ein plötzlich ausbrechendes Wetter, das uns gleich bis auf die Haut durchnäßte, verhindert, weiter in die Berge zu dringen. Was gut war, da ich mich bereits arg durchgeritten hatte, auf dem schlechten Sattel, und seit 3 Jaren des Pferdes ungewont! – – Diese Damen mussten auch im Galopp nachhaus: um zu kochen. War dann auch danach: Bratwürste!

R. M. S. P. «Avon», *8. Februar*
Auf der Estancia ereignete sich nichts mehr; das heiße, sehr windige Wetter, hauptsächlich aber mein aufgerittener Or gestatteten keine weitere Reiterei. Die Politik hat sich auch nicht aufregend entwickelt, nach dem «Staatsstreich» verhält sich alles abwartend, und ich kann mir auch garnicht vorstellen, daß aus dieser Operetten-Politik, bei der sich alles um Personal-

fragen dreht: hie Figueroa Alcorte, hie Ugarte, Mitre, Roca – irgendwelche nennenswerten Resultate herauskommen. Die Ermordung des portugiesischen Königs und des jungen Kronprinzen ging mehr auf die Nerven.

Am 5ten reisten wir in nun schon gewonter Weise, mit herzlichem Dank für Funke, von Tornquist ab, sahen unterwegs eine Anzal Brände und kamen am 6ten früh im Royal Hôtel zum letztenmale an. Der Tag war Geschäften und der Besichtigung des Dampfers gewidmet, der ebenso groß und bequem ist, wie mein Kabinchen klein und dürftig. Und gestern, am 7ten, schlug die Trennungsstunde, die mir bittere Schmerzen bereitete.

Der Dampfer fur pünktlich mit dem Glockenschlage aus; stoppte nach 10 Minuten, fur zurück – und fest saßen wir: kein Wasser zur Ausfart. Bei ungünstigem Winde passirt das öfters, und man ist dann völlig in Gottes Hand. Diesmal hielt er uns bis abend ¾7 fest, dann wurde es Ernst. Mit dem festen Land fand wärend dieses ganzen, langen und langweiligen, auch sehr schwülen Tages vermittelst kleiner Boote noch ein lebhafter Verkehr statt, auch Eti besuchte mich noch zweimal, und dadurch wurde, sozu-

sagen, der Blütenstaub der heiligen Abschieds-
schmerzen in die Winde verweht. Zwei von den
Briefen, die Staudts wider die Abrede doch noch
nach Tornquist geschickt hatten, brachte Eti mir,
auf die anderen muß ich nun wol verzichten;
wie überhaupt so lange auf jede Nachricht.

Die Einteilung, die Lebensweise und die Gesellschaft auf dem «Avon» ist wesentlich anders, als auf meiner Arcona: absolut englisch.
Die bedienenden Leute scheinen mir von kü-
ler Zurückhaltung. Die Malzeiten, an runden
Tischen zu 6–8 Personen servirt, tragen einen
Restaurant-Charakter: man bestellt nach Wal,
jeder etwas andres. Das Essen, vor dem man
mich so gewarnt, scheint mir nicht schlecht.

Heute ist ein großer Teil der Gesellschaft in
Montevideo an Land gegangen; was mir bei dem
sehr unruhigen Wasser, nach der durch einen
Pampero ziemlich beeinträchtigten Nacht, nicht
ratsam erschien. Ich sah dem heftig schwanken-
den kleinen Dampferchen one Neid nach.

9. Februar

Wir lagen gestern vierzehn Stunden im Au-
ßenhafen von Montevideo, furen anstatt um 3
erst um 8 abends ab! Es wurde ununterbrochen

geladen, der Aufzug stand keinen Augenblick still. Kolossalen Lärm verbreiteten einige Stunden die Studenten, die einigen Kameraden, die augenscheinlich zum «Studentenkongreß» in Montevideo gewesen, das Abschiedsgeleite gaben. Es war ein Schreien, Singen, Evviva-Rufen one Ende. Zum Abschied wurden die Reisenden, vier oder fünf, von sämmtlichen andern umarmt und zärtlich auf den Rücken geklopft, mit einer durchaus typischen Geste, und das «evviva Uruguay! evviva el Brasil!» tönte noch lange von der kleinen launch, die die Estudiantina ans Land brachte.

Das Leben an Bord spielt sich wesentlich anders ab, als auf der Arcona; wol auch infolge der geringern Passagier-Zal. Weniger Geselligkeit, weniger Deckpromenade, mehr Lektüre, jeder mehr für sich. Sehr still, sehr englisch reservirt, beitisch nur flüsternde Konversation. Die brüllenden Brasilianer Studenten detonieren sehr. Die Malzeiten spielen nicht annähernd die Rolle, man speist rasch, spricht nie vom Essen, sitzt nicht länger als eine halbe Stunde beitisch; an unserm Tisch trinken sechs Menschen nichts: der siebente Gingerbeer!

11. Februar

Heute früh um 8 kamen wir in Santos an, wo wir um ½ 10 an Land gingen, um 2 wieder ausfuren. Die Einfart ist ganz prachtvoll, die Landschaft gemant an irgend einen der schönsten Schweizer Seen: die tiefe Bucht, von Bergen in malerischen Formen ganz abgeschlossen, mit Häusern dicht angebaut, mit Wäldern und grünem Vorland. Ich machte mit der jungen Spanierin, ihrem deutsch-englischen Freund und einem Argentinier einen Ausflug ans Land, Trambanfart durch die Stadt an die Plaza und am Wasser entlang. Die Tram, von zwei Maultieren gezogen, färt fast wie eine elektrische; an der Stadt ist nichts weiter zu sehen, aber die Vegetation ist eine Pracht, trägt in ihrer Üppigkeit tropischen Charakter: himmelhohe Palmen, dichte Bambushaine, fremdartige Sträucher mit farbigen Blumen – ganz herrlich. Auf der Straße sieht man sehr viele Schwarze, zum Teil sehr gute Typen. Es ist sehr heiß. Im Hafen liegen viele Schiffe; die Stadt ist klein und unbedeutend, aber sie ist der Hafen hauptsächlich für San Paolo, der großen Kaffee-Producentin von Brasilien; dorthin entließen wir auch einen größeren Teil unsrer Passagiere, unter anderem

meine Freundin, die eine recht biedere, maßlos unwissende Frau und Zeitgenossin war.
Worin sie, d.h. *nur* in der Unwissenheit, von
meiner Spanierin wol noch übertroffen wird;
die an Biederkeit manches zu wünschen übrig
lässt. Wie wenigstens Herr Meyer aus Düsseldorf behauptet. Als welcher mich auch auf das
in der II. Klasse nach Rio reisende «Bordell»
aufmerksam machte und meine Blicke auf die
zwei Tänzerinnen aus dem Casino lenkte: sodaß unser Schiff also gar nicht so bieder-eng-
lisch, sondern sozusagen eine Lasterhöle ist.

13. *Februar*

Gestern liefen wir Rio de Janeiro an. Neben der
großartigen Schönheit von Rio verblasst Santos
zu einem Idyll. Um 5 Ur lagen wir im Hafen,
ich stand auf, um ja nichts zu versäumen. Kam
aber doch vor 9 nicht an Land, da die Formalitäten mit Polizei, Sanität und Duane immer
enorm zeitraubend sind. Rio liegt an einer rie-
sig großen, ganz abgeschlossenen Bucht; hohe
Berge in sehr malerischen und romantischen
Formen umgeben sie rings; an den niedrigen
Vorbergen baut sich die Stadt auf, die sich in
den Tälern scheinbar zusammenhanglos hin-

zieht. Die schönste tropische Vegetation und das blaue Wasser geben ein prachtvolles Bild. Vom Schiff zum Quai dauerte die Fart in einem kleinen Boot wol eine halbe Stunde. Unzälige kleine Boote umschwirrten das Schiff, die Fürer verlangen unverschämte Preise. Rio ist der teuerste Platz der Welt. Auch Kaufleute mit ihren Waaren: aus Federn hergestellten sehr geschmacklosen Blumen und Fächern, Broschen aus grünen Käfern und leuchtend bunten Kolibri-Köpfchen, mit Schmetterlingen und Vögelchen, etabliren sich an Bord.

Ich fare mit Mr. Davison (Davidsohn?) und seiner Señora ans Land. Er setzt uns, wärend er Geschäfte abwickelt, in ein Automobil, in dem wir in einer kleinen Stunde die ganze Stadt abklappern. Die Stadt an sich, abgesehen von der wunderbaren Lage, gefällt mir besser, als Buenos Aires; wo *ich* es auch heißer fand. Die neue Avenida ist sehr schön, es gibt hübsche Häuser, ein neues Opernhaus, viele Plätze, einen Park, längs der Playa ein Bad, Villen, grüne Täler mit Palmen und schönen Gärten, hässliche Denkmäler – kurz, eine schöne, südliche Stadt. Der Patio-Bau von Buenos Aires ist verschwunden.

Dann faren wir mit der elektrischen den Berg hinauf, in halber Höhe zum Hôtel Internacional, wo wir, sehr gegen meinen Willen, lunchten. Sodaß ich um den beabsichtigten Ausflug auf die Höhe des Corcovado kam, von dem man einen besonders schönen Blick haben soll. Ich war auf meinen jungen, selbstherrlichen Begleiter wütend, konnte aber nichts ändern. Obgleich es schöner als schön ja eigentlich nicht zu sein braucht. Und wunderbar schön war die Fart hinauf, wie der Aufenthalt oben auch. Es ist ganz überraschend, wie sich beim Hinauffaren der Blick immer mehr weitet, die Stadt umfasst, die teils zwischen den Hügeln, teils die Berge aufwärts sich dehnt, dann die ganze Bucht, mit den Inseln, den Schiffen, dem Kranz der Berge und Felsen in sich aufnimmt und schließlich auf der Terrasse des komfortablen deutschen Hôtels von einzigartiger Schönheit ist. Die Vegetation ist von üppigster Pracht, das gesammte Bild gehört landschaftlich zum Schönsten, was ich je gesehen habe. Unten wieder angelangt, bummeln wir noch ein wenig durch die Straßen, über den übelriechenden, aber malerisch bunten Markt am Hafen, auf dem es Fische, Früchte, Affen und große und kleine Vögel zu kaufen gibt, von Verkäufern in allen Farben, vom reinen Weiß bis zum reinen Schwarz, feilgeboten.

Dann segeln wir wieder zum heimischen «Avon» zurück. Da es ziemlich schwankt, stoße ich dramatische Schreie aus, mache mich ein wenig zur «Schaute». Der Schiffer, ein Chilene, sieht mich erstaunt an. Ich erkläre ihm «no estoy loca»; worauf er mit anmutig lächelnder grandezza erwidert: «me parece, si».

Um 3 Ur waren wir wieder «daheim», um ½5 dampften wir ab, mit vielen neuen, zum Teil brasilianischen Passagieren an Bord. Daß «Mr. Davison» meinen Teil an den Auslagen der Exkursion energisch und unwiderruflich zurückweist, ist mir sehr peinlich: ich füle mich als besoldeter «Elephant».

16. Februar

Gestern war ich in Bahia (12 Grad) an Land, wieder als «linkshändige Schwiegermutter», da ich keinen anderen Anschluß fand. Und wieder sah [ich], der gefräßigen Jugend wegen, die durchaus noch an Bord frühstücken mußte, nicht so viel als ich gewollt; da wir anstatt um 8 erst um 9 fortkamen, wurde es für die obere

Stadt (die übrigens als moderne Fremdenstadt viel weniger interessant) zu spät. Wunderhübsch war abends die Einfart in den Hafen gewesen. Bei stralendem Sonnenuntergang und aufgehendem Mondschein glitten wir langsam in den Hafen, eine von einer niedrigen Hügelkette eingeramten Bucht = «Bahia». Die Stadt liegt teils unten am Meer, teils auf einer oberen Terrasse, zu der zalreiche Dratseilbanen – wie in Valparaiso – hinauffüren. Es gibt sehr viele Kirchen in diesem von den Jesuiten begründeten Ort. Die Lichter entzündeten sich nach und nach, es gab ein schönes Bild. Die ganze Nacht wurde geladen.

Wir ließen uns also morgens um 9 herüberrudern und -segeln, in einer kleinen halben Stunde, und machten eine Trambanfart durch die ganze Stadt, die Vorstädte u.s.w. Hier sah es endlich fremdartig genug aus, in diesen engen, schmutzigen, winkligen Straßen, mit der fast durchweg schwarzen Bevölkerung. Die Männer haben zum Teil einen guten, kräftigen, hübschen Typus (unser Schiffer war ein intelligenter, frischer, gut aussehender Bursch); aber die Weiber sind Ungeheuer. Furchtbar große, dicke, starke Frauen mit schauderhaft

hässlichen Gesichtern. Die Alten sehen aus wie
sehr entstellte Orangutangs. Sie sind meist, der
kolossalen Hitze wegen, halbnackt, Arme, Hals
und Schultern frei, ein Tuch um die halbe Brust
drapirt, auf dem Kopf eine Art Turban, um
die Handgelenke farbige Perlen, um den Hals
vielfach Ketten mit Amulets. Die Kinder laufen
häufig splitterfasernackt auf der Straße herum.

Was aber diese Menschen mehr degradirt als
ihr Aussehen, das ist der entsetzliche Geruch,
den sie ausströmen. Wir gingen über den Markt,
wo es schauerlich unappetitlich aussah; der Ge-
stank dieser Leute machte mir Übelkeit, fast bis
zum Onmächtigwerden. Es ist ein undefinirbar
widerlich-scharfer Geruch, schlimmer wie in
einem Raubtierhaus.

Auf der Tram setzte sich ein Argentinier zu
uns, entzückt, nach langer Pause wieder spanisch sprechen zu können. In der Freude seines
Herzens zalte er für uns alle drei die Fart, was
man nach Landessitte unbedingt annehmen
muß.

Eine unangenehme Sensation mußte ich noch
durchkosten: Die Befürchtung, das Schiff zu versäumen! Wir waren sehr weit hinausgefaren, es
gab fortwärend Aufenthalte und in den engen

Straßen Hindernisse – kurzum, wir kriegten es alle drei mit der Angst. Die sich aber als unbegründet erwies, da wir um ½ 12 pünktlich an Bord waren, der «Avon», die eben eingelaufene «Thames» schwesterlich grüßend, gleich nach 12 hinausfur.

17. Februar

Um 3 nachmittags kamen wir gestern in Pernambuco an, das ganz flach, langgestreckt und ziemlich kal da liegt. Das Meer ist hier stets so bewegt und die Brandung so stark, daß es nicht für ratsam gilt, sich auszuschiffen. Die mit der Launch ankommenden und abfarenden Passagiere werden vermittelst des Korbes verladen, was alle Welt mit großem Amüsement beobachtet. Trotzdem beschließen wir um 4 auf Drängen der Señora Carmen, an Land zu gehen: ich, mein Pärchen und vier spanische Herren.

Beim Anblick des gefärlich tanzenden Bootes, in das man nur unter großen Schwierigkeiten gelangen kann, refüsire ich im letzten Augenblick; aber im [aller]letzten, als es eben abstößt, bereue ich und fare doch mit. Sechs kräftige Ruderer und ein Steuermann bringen uns in

20 Minuten an Land. Das Boot tanzt wie eine Nußschale, über die den Innenhafen schützende Mole branden wildschäumend die Wellen.

Pernambuco, 8 Grad S[üdlicher] Br[eite], ist unsinnig heiß, ich bin bei unserm Spaziergang durch die Stadt wie gebadet. Aber die Stadt ist hübsch und sauber, mit breiten Straßen und Trottoirs, vielen Plätzen und Kirchen, sehr bunten Häusern, einem breiten großen Wasser mit schönen Brücken – weit besser und einladender und wonlicher als Bahia. Des Sonntags wegen sind leider alle Läden geschlossen und das Leben auf den Straßen gleich Null. Die Bevölkerung scheint fast durchweg schwarz. Doch ist sie, vielleicht weil Sonntag ist, anständig gekleidet, nur etliche Kinder erfreuen durch Nackeduzlichkeit.

Die Rückfart zum Schiff ist noch etwas bewegter, ich starre unentwegt zum Boden, sage auf alle Ermunterungen nur: «si, muy lindo, muy magestuoso» und mache mich durch sonstige kleine Hanswurstiaden bei meinen Gefärten beliebt: «es muy simpatica, la señora», sagen sie; wozu natürlich mein schlechtes Spanisch beiträgt.

Um 6 verlassen wir Pernambuco, und damit

Amerika; um nun bis Madeira am 24ten kein Land mehr zu sehen!

18. Februar

Heute früh haben wir die Linie passirt. Es ist sehr heiß, aber schönes Wetter, mit einer angenehmen Brise. Auf dem englischen Schiff nimmt man von dem Ereignis keine Notiz; es gibt überhaupt keine Feste, nichts officielles; jedermann mag für sich selber sorgen. Nur abends wird ab und zu von der kärglichen Jugend ein wenig getanzt.

Ich kenne jetzt eine ganze Anzal Menschen; d.h. ich spreche mit ihnen; weiß weder ihre Namen noch Berufe. Der Engländer kennt, scheints, keine Neugierde, und der Mangel an persönlichem Interesse lässt die Beziehungen kül und gleichgültig.

Ich habe einen sehr netten Tischnachbar, einen intelligenten, belesenen und sehr wissensdurstigen Mann, mit dem ich [mich] dreimal täglich eingehend unterhalte; über alles. Aber ich weiß weder seinen Namen noch was er ist. Er ist Ire und is living on the country – that's all. Der alte Amerikaner am Tisch ist immer freundlich und zuvorkommend; die anderen grüßen mich kaum, one Animosität; denn wenn ich sie ansprech, antworten sie artig. Es ist eben englische Eigenart.

Wie anders Mr. Webster aus Amerika, ein elder gentleman und wol der glücklichste und sorgenfreieste Mensch der Welt. Er lud mich gestern Abend, nachdem wir schon früher mitsammen geplaudert hatten, zum Genuß des Vollmonds auf das obere Deck ein, wo wir anderthalb Stunden ganz allein in der wunderbaren Tropennacht lagen. Er erzälte mir von seinen Reisen – er kennt buchstäblich die ganze Welt, ist immer unterwegs, – von seinem Summer-home an einem herrlichen See oben in den «States», von seinem Neffen, in dessen Haus er ein home hat, der sein großes Vermögen verwaltet und beauftragt ist, jede Unannehmlichkeit von ihm fern zu halten (dafür wird er ihn beerben); er ist seit siebzehn Jaren Wittwer und hat nicht wieder geheiratet, da er eine solche perfect and sweet lady, wie seine Verstorbene, doch nicht mehr gefunden hat. Dabei ist er absolut gesund, knüpft überall angenehme Beziehungen an and enjoys his travels immensly. *Ich* würde den Neid der Götter fürchten.

Ein total verschiedener Typ ist Colonel Vernon, ein alter Irishman, der in seiner jovial-jokosen Art direkt aus einem Dickens- oder Thackeray-Roman stammen könnte. Immer hat er, wenn er mich sieht, irgend einen Scherz bereit, seine ganze Art, sich auszudrücken, ist für mich ein Amüsement. Als wir eben über dem Äquator waren, meinte er, nun auf der nördlichen Hemisphäre beginne er to feel very cold.

Mit meinem jungen Paar bin ich nach wie vor ziemlich viel zusammen. Mr. Davison bekannte sich gestern teils zu seiner Liebe für Señora Carmen, teils zum Judentum. Was er beides mir gegenüber übrigens nicht nötig hatte. Über die Señora bin ich nicht recht im klaren. Sie mag verheiratet sein und zwei Kinder haben: ihre ganze Art, sich zu kleiden, zu schminken, zu parfümiren und zu benehmen würde sie, wäre sie eine Deutsche, zur Kokotte stempeln. Ich will einer Spanierin gegenüber zurückhaltend urteilen. – Auch über die junge englische Wittwe, die in Pernambuco an Bord kam und die vor 14 Tagen ihren Mann am gelben Fieber verlor, mit dem sie kaum 6 Monate zuvor als ebenverheiratete Frau nach Brasilien gekommen war. Wenn sie, mit allerhand Leuten angelegentlich und scheinbar heiter plaudernd, im

weißen Kleid an Bord promenirt oder beitisch
sitzt, würde ihr niemand ihr tragisches Schicksal ansehen. Aber: quien lo sabe?

20. Februar

Es ist, auf der Höhe von St. Vincent, 16 Grad
N[ördlicher] Br[eite], verhältnismäßig frisch,
fast kül; sehr windig. Das Meer hat weiße
Schäume, das Schiff rollt.

Seit gestern ist der Charakter der Gesellschaft
verändert, die officiellen «sports» haben begonnen, man ist sich dadurch näher getreten, und
eine geschäftige Geselligkeit herrscht an Bord.
Ich beteilige mich an nichts, schaue ab und zu
dem Treiben zu. Das Deck ist vor- und nachmittags durch die Spielenden, abends die Tanzenden occupirt; die andern, namentlich die Kinder,
schauen begeistert zu. Es ist eine seriöse Sache,
der sport. Einen wirklich komischen und amü-
santen Anblick gewärten die Teilnehmer des
Spiels «are you there»; zwei gentlemen, die sich
am Boden wälzend, mit verbundenen Augen zu
prügeln trachten und absolut wie Clowns sich
geberden. Allerlei kindliche Spiele ergötzen die
Damen und die Kleinen. Es ist sehr spektakulös
und unleidlich auf Deck.

Abends hatte ich eine lange Unterhaltung mit Herrn Meyer aus Düsseldorf, der sich stolz als «Rauhbein» qualificierte und ein gutmütiger, etwas sehr inferiorer Herr zu sein scheint. Er warnte mich dringend, mich nicht zu tief mit meinem jungen Paar einzulassen, denn bevor wir nach Madeira kämen, würde es noch zu einem Skandal mit ihnen gelangen. «Wieso?» «Fragen Sie Mr. Ileron: dem habe ich es am ersten Tage prophezeit.» «Ja, aber weshalb denn?» «Sie können getrost Mr. Ileron fragen, ob ichs nicht vom ersten Tag an vorausgesagt habe.» Ein schwaches, nicht recht überzeugendes Argument!

Mit Mr. Davison hatte ich heut früh einen Spaziergang. Er schüttete mir seine Schmerzen aus: er leidet bitter unter seinem Judentum, ein sehr häufiger und nicht ganz sympathischer Vertreter unsrer modernen jüdischen Jugend.

22. Februar

Die «Sports and Tournements» haben ihren Fortgang, und es ist ganz amüsant zu beobachten, mit welchem heiligen Ernst diese Dinge von den Engländern betrieben werden.

Mich belustigte, außer dem letzt erwänten

«are you there», noch ein andres ungemein: die zwei Gegner hocken am Boden, man zieht ihnen einen Stock durch die Kniee, die Hände werden darüber festgebunden und nun trachten sie, auf dem Or rutschend, den Gegner mit den Füßen aus einem gegebenen Kreis hinaus zu bugsiren. Bei gleichen Kräften ist es direkt aufregend und für die Beteiligten sehr schwierig und äußerst schmerzhaft. Daß mein deutscher Landsmann auf den ersten Anhieb umfiel, war mir nicht so beschämend, als daß dieser sichere Herr Neuhaus, zugleich mit seinem Rock, auch die – Röllchen ablegte!

Gestern Nachmittag producirte sich die Mannschaft in teilweis den gleichen Wettspielen wie die Herrschaften. Sehr drollig war der Aufzug der Stewards, deren eine Hälfte von einem maßlos dicken, die andre von einem spindeldürren langen, beide als Jarmarkts «starke Männer» halbnackt hergerichtet, [angeführt wurde].

Abends passioniren sich die Herren an einem regelrechten Hazard-Spiel. Es werden 20 Lose verauktionirt, die die voraussichtliche Anzal der am Tage durchlaufenen Seemeilen enthalten. Die Nummern um 340–345, die die

meisten Chancen haben, erzielen Preise bis zu
100 Shilling!

24. Februar
Die officiellen Deckfeierlichkeiten schlossen
am 22ten mit einem fancy-dress-ball, dem morgen noch die Preisverteilung und ein Koncert
folgen sollen. Die Verkleidungen waren, angesichts der geringen zu Gebote stehenden Mittel, gar nicht so übel. Es gab zwei Neger, einige
stewards, Köche, stewardesses, Bäuerinnen, einen cow-boy und etliche «Phantasie»-Kostüme.
Die Stimmung war, für englische Gesellschaft,
direkt ausgelassen und karnevalesk, und trotz
des külen Wetters und des nicht unerheblichen
Schwankens verlief diese Deck-Festlichkeit an-
gemessen und animirt.
Heut um 10 kamen wir auf die Minute pünktlich in Madera an. Ich ging, leider, wieder mit
der gewonten Gesellschaft an Land, die durch
eine zweite Spanierin, einige Brasilianer, Portu-
giesen und Spanier unliebsam vergrößert war.
Mit Ochsenschlitten und Ban gings hinauf in
das ganz entzückend gelegene Mount-Palace-
Hôtel, wo wir lunchten. Diese Herrschaften
benahmen sich mit Castagnetten, Klavierklim-

pern, Tanzen und Schreien so geräuschvoll und unzweifelhaft, daß ich mich möglichst ferne von ihnen hielt und lange allein auf der Hôtel-Terrasse mit der herrlichen Aussicht saß. Die Schlittenfart bergab musste ich mit «meinen Kindern» machen, schwor mir aber, daß dies mein letzter Streich sein würde. Um 4 furen wir aus; das Meer ist sehr rough.

26. Februar

Der gestrige Tag war scheußlich und forderte viele Opfer. Das Schiff stampfte und rollte wie besessen, das Meer war mit weißem Schaum bedeckt, große Wellen brachen sich am Schiff und spritzten über das Vorderdeck. Es sah ebenso großartig aus, wie es unangenehm war. One direkt seekrank zu sein, fülte ich mich sehr übel. Der Preisverteilung, die ebenso wie das Diner d'Adieu nur geringe Beteiligung fand, wonte ich noch bei, nach dem ersten, unglaublich schlechten Gesang zog ich mich zurück.

27. Februar

In Lissabon, wo ich zu meiner freudigen Überraschung 5 Briefe von zuhaus an Bord bekam, nachdem ich eben zu Herrn Meyer klagend geäußert hatte, daß unsre Deutschen zu see-un-tüchtig seien, um auf solche Ideen zu kommen – in Lissabon, wo wir gestern um ½ 9 ankamen, ging ich, von «meinen Kindern» getrennt, mit Mr. Smith an Land. Der größere Teil unsrer Passagiere fur in der launch ans Ufer, an einem herrlichen blauen, sonnigen Frühlingstag. Nachdem wir Geld gewechselt und telegraphirt hatten, ließen wir unsre Paletots im Palace-Hôtel, wo der Portier mich sofort erkannte und sich sehr wunderte, daß ich «schon» zurück sei, gingen über den mit herrlichen Blumen beschickten, bunt bewegten Markt, die Avenida entlang, furen dann per Tram nach dem hübschen, friedlich-stillen Estrella-Garten. Die Stadt ist ruhig und still, nichts lässt die schreckliche Tragödie anen, die vor wenigen Wochen sich hier abgespielt. Die Stätte des Königsmordes, auf der Plaza Commercial, liegt friedlich im Frühlingssonnenschein da.

Beim Besteigen der launch nahm ich Abschied von Señora Carmen, die einen etwas gekniffenen Eindruck machte. Die Ausfart war angenehm, bei ruhigem Meer, sodaß man den Kuchen und Gelée's, die Miss Horn bei ihrer «tea-party» auffaren ließ, unbehindert zusprechen konnte. Abends hatte ich eine lange, sehr deutliche Auseinandersetzung mit Mr. Davison, dem ichs zum heftigen Vorwurf machte, daß er mich in eine schiefe und falsche Position gebracht, indem er unter Vorspiegelung falscher Tatsachen mich in eine übelangebrachte Intimität mit seiner Geliebten gelockt, mit der ich Arm in Arm das Schiff in die Schranken gefordert!

Die Nacht verlief ruhig, um 9 morgens furen wir in den Hafen von Vigo ein; wunderhübsch und malerisch liegt die kleine Stadt da, Berge umkränzen die romantische Bucht. Ich fur mit Mr. Smith an Land, wir hatten grade eine Stunde, um durch die echt spanische, äußerst charakteristische Stadt zu laufen, bis zur Höhe der Befestigung, von wo aus man einen ganz prachtvollen Blick über den Ort, die ganze Bucht, die Berge und Felsinseln, das ganze herrliche Panorama genießt. Wir schauten in eines der kleinen ärmlichen Häuser hinein, vor dem eine freundliche Frau mit zwei kleinen Kindern stand: so eng, so klein, so beschränkt war der Raum, daß die Stüle an der Decke aufgehängt waren!

Sonnig und schön war die Aussicht gewesen,

aber schon im Herabsteigen verdüsterte sich der Himmel; bis wir aufs Schiff zurückkamen, sah es dräuend und finster aus.

29. Februar

Das war gestern ein furchtbarer Tag! Bald nachdem wir den Hafen von Vigo verlassen, wurde das Meer sehr bewegt, sehr unangenehm; der Aufenthalt auf Deck war unerquicklich, sehr rauh und kalt. Ich ging früh ins Bett, aber an Schlaf war nicht recht zu denken, denn das Schiff rollte entsetzlich, ich musste mich stemmen, um nicht aus dem Bett zu fallen, meine Toiletteflaschen kugelten durcheinander. Ich taumelte morgens wol ins Bad, fülte mich aber so übel, daß ich mich wieder ins Bett legte und bis Mittag liegen blieb. Aber dann machte ich eine gewaltsame Anstrengung und stand auf; nachdem ich meine Kabine, in die das Wasser eingedrungen war, erst hatte auftrocknen lassen. Der Speisesaal war fast leer – alles seekrank. Meinen armen Mr. Smith habe ich überhaupt nicht mehr gesehen, ebenso wenig Miss Horn. Auf den Treppen waren Stricke gespannt, die Esstische mit erhöhten Borden umgeben, da alles durcheinandertanzt. Ich lege mich nach dem lunch drei Stunden auf den Deckstul, in meine sämmtlichen Tücher und Decken gehüllt, da der Sturm saust und es empfindlich kalt ist. Das Schiff wird von einer Seite auf die andere geworfen, sodaß man die Empfindung hat, es müsse umkippen; die ganze See ist ein schäumender Gischt, die Wellen donnern gegen die Schiffswände, ab und zu spritzen sie übers Deck – es sieht grandios und überwältigend aus. Mir ist sehr unbehaglich, aber ich fürchte mich nicht. Das Gehen ist beschwerlich und gefärlich, das Aufstehen wird zu einem Entschluß. Ich fliege gegen die Wand, hole mir blaue Flecke und zerbreche mein Urglas – bin froh, als ich um 9 wieder im schwanken Bette liege ......

Editorische Nachbemerkung

Das Original des Reisetagebuchs von Hedwig Pringsheim befindet sich im Thomas-Mann-Archiv, Zürich. Der Text wird hier vollständig abgedruckt; die Transkription folgt dem Manuskript, auch in der bisweilen eigenwilligen Orthographie Hedwig Pringsheims – also zumeist ohne Dehnungs-h (‹one› statt ‹ohne› usf.). Nur einige Flüchtigkeitsfehler, die auf offenkundige Versehen zurückgehen, wurden stillschweigend berichtigt.

Anhang

Rechenschaft und Dank

Hätten wir gewusst, welch aufwendige Spuren-
suche bewältigt werden musste, ehe wir die
Kommentierung und Interpretation von Hedwig
Pringsheims Argentinischem Reisejournal zu Papier bringen konnten – ich bin nicht sicher, ob
wir die Erzählung je geschrieben hätten. Gottlob
fanden wir von Anfang an engagierte Helfer, die
uns ermutigten, die Sache dennoch in Angriff zu
nehmen.

Das Thomas-Mann-Archiv, Zürich, konkret: Thomas Sprecher, gab sofort seine Einwilligung zur
Veröffentlichung der zu seinen Beständen gehö-
rigen Handschrift, die Birgitt Mohrhagen für eine
Ausstellung des Buddenbrook-Hauses in Lübeck
bereits transkribiert hatte. Ich bin Frau Mohrhagen
dankbar, dass sie mir die zeitaufwendige Compu-
ter-Umschrift abgenommen hat und ich mich auf
ein Kollationieren der Texte und die – wie immer
von Cornelia Bernini, Katrin Bedenig und Rolf Bolt
aufs angenehmste unterstützten – unabdingbaren
Archivrecherchen beschränken konnte.

Nach Abschluss dieser Arbeiten galt es, sich nach textergänzenden Informationen über Transatlantik-Passagen zu Beginn des vorigen Jahrhunderts umzusehen. Das war angesichts der Tatsache, dass sowohl das HAPAG- als auch das Hamburg-Süd-Archiv durch Krieg, Brand und Hochwasser vernichtet worden waren, ein schwieriges Unterfangen. Doch wir hatten Glück: Meine Anfrage bei der Hamburg Süd kam in die Hände eines Mannes namens Malte Witt, der sich gleich in seinem ersten Schreiben als «Hobby-Archivar» und Besitzer einer Hamburg-Süd-«Devotionalien»-Sammlung vorstellte. Einem solchen Mann zu begegnen war mehr, als die Autoren in ihren kühnsten Phantasien zu hoffen gewagt hatten. Malte Witt besaß, neben Bildern der *Cap Arcona*, viele zeitgenössische Dokumente, die das Ambiente der Überseereisen zu Beginn des 20. Jahrhunderts anschaulich machen und es auf diese Weise den Lesern des Journals ermöglichen, den subjektiven Eindruck von Hedwig Pringsheim mit den objektiv vorgegebenen Rahmenbedingungen zu vergleichen: Fotografien der luxuriösen First-Class-Etablissements und -Einrichtungen, ein Kajütenplan und, vor allem, die Speisekarten und das Programm eines das Essen begleitenden Konzerts – zum größten Teil abgedruckt in einer den Erste-Klasse-Passagieren an ihre Heimatadresse zugeschickten Werbebroschüre aus Hedwig Pringsheims Reisejahr 1908. Auch gab es einen genauen Fahrplan für die den Reisenden eindringlich empfohlene Durchquerung des Kontinents von Buenos Aires nach Santiago de Chile, einschließlich einer detaillierten Streckenbeschreibung und Hinweisen auf landschaftliche Sehenswürdigkeiten und Ensembles. Zu Beginn des Jahres 1908 haben Mutter und Sohn, wie das Reisejournal ausweist, genau die im Prospekt als komfortabel und anstrengungslos beschriebene Route gewählt, um dem heißen und staubigen Buenos Aires zu entfliehen.

In Händen zu halten, was Hedwig Pringsheim vor Antritt ihrer Reise mit großer Genauigkeit studiert haben dürfte, war ein Erlebnis eigener Art. Wir danken Malte Witt (und für das Musikprogramm seinem Kollegen Andreas Guhr) nicht nur für alle Hilfe bei nautischen Problemen, sondern auch für das großzügige Angebot, von seinen Schätzen uneingeschränkt – nicht zuletzt im Bildteil unserer Ausgabe – Gebrauch zu machen.

Als Nächstes galt es, Gewährsleute in Argentinien zu suchen. Auch wenn das Reisejournal wenig Verstehenshilfen benötigte, so hatte die intensive

Lektüre bei den Editoren doch die Neugier auf zusätzliche Informationen geweckt. Plötzlich erinnerten wir uns der Geschichten über «Onkel Erik», die wir in den Autobiographien der Enkel Klaus und Golo Mann gelesen hatten; die Briefe von Hedwig Pringsheim an Maximilian Harden, in denen die Mutter dem Freund von ihren Sorgen um den Sohn berichtete, fielen uns wieder ein. Wir fragten uns, ob es nicht möglich wäre, den Anlass für die Argentinien-Exkursion der Autorin, die Suche nach dem verlorenen Sohn, mit Hilfe neuer, in Argentinien vielleicht noch aufspürbarer Dokumente darzustellen.

Um dieses Ziel zu erreichen, war es unabdingbar, Helfer zu finden, die sich «vor Ort» auskannten und über mögliche Informationsquellen im Lande Bescheid wussten. Ich erinnerte mich des Briefes eines Lesers der Biographie «Katias Mutter», der sich als entfernter Verwandter eines Mannes mit «Erik-Schicksal» vorgestellt hatte – eines vor vielen Jahren Verbannten also, dem es aber im Gegensatz zu Erik Pringsheim gelungen war, im fremden Land Fuß zu fassen und sich eine neue Existenz aufzubauen. Als «Hobby-Historiker» hatte Juan Delius Hilfe für den Fall angeboten, dass ich die Argentinien-Geschichte genauer recherchieren wollte. Professor

Delius aus Konstanz beantwortete meine vorsichtige Anfrage postwendend positiv, bat um ein Verzeichnis der im Reisejournal erwähnten Personen und vermittelte mir all jene Kenntnisse «von Land und Leuten», der argentinischen Gesellschaft, der Struktur in den einzelnen Provinzen sowie Facetten konkreter Landesgeschichte, die man nicht aus Büchern lernen kann.

Gleichzeitig hatte er seine Verwandten und Freunde in den verschiedenen Teilen Argentiniens veranlasst, spezielle Recherchen anzustellen – etwa nach der genauen Lage der Farm Virorco, nach Grundbucheinträgen und eventuellen Zeitungsberichten über den Tod von Erik Pringsheim, Geburts- und Sterberegistern und Spuren in der deutschen Kolonie. Die vielen Details, die Juan Delius dank seiner einschlägigen Kenntnisse und Verbindungen zutage förderte, brachten neue Farben in unseren Kommentar, der sich dank der vielen spannenden Informationen nach und nach zu einer veritablen Erzählung auswuchs. Ein intensiver E-Mail-Kontakt gab der Zusammenarbeit im Verlauf der Zeit etwas angenehm Kolloquiales, ja manchmal sogar heiter Spekulatives, das die Geschichte rasch voranbrachte. Ohne Juan Delius, seinen Freund Juanjo Laborda und seine Schwester, Frau Antonia Stoppani, aber auch ohne die Recherche von Julia Knobloch, der es gelang, die so erstaunliche Heiratsurkunde von Erik Pringsheim und Maria Erlich, geschiedene Kon zu finden, hätten wir uns vermutlich auf einen traditionellen Kommentar beschränken müssen.

Dass auch der nicht unbedingt hätte langweilig werden müssen, zeigen die interessanten Bild- und Sachinformationen über Eriks Argentinien-Ciceronen und Hedwig Pringsheims Vertrauensmann Rodolfo Funke, die mir die Fundación Hogar Rodolfo Funke durch ihren Geschäftsführer Karl Ostenrieder in Buenos Aires und Tornquist zur Verfügung stellte, in gleicher Weise wie die von Alicia Bernasconi und dem Centro de Estudios Migratorios Latinoamericanos, CEMLA, vermittelten Hinweise auf Immigrationslisten, mit deren Hilfe die Einreise von Erik Pringsheim sowie die Überfahrten seiner späteren Frau, Maria Barska, und der Besuch von Hedwig Pringsheim datiert und bestätigt werden konnten.

All diese Funde ließen uns hoffen, genügend Materialien für eine bisher weitgehend unbekannte Geschichte zu finden. In diesem Bestreben haben wir auch nach Korrespondenzen des Rechtsanwaltes Walter Sigismund von Pannwitz gesucht, des wichtigsten Mittelsmannes bei den Erbauseinandersetzungen zwischen den Eltern Pringsheim und Eriks Frau Mary. Bei der Suche halfen neben dem einstigen Botschafter der Bundesrepublik in Buenos Aires, Herrn Dr. Paul Verbeek, vor allem Diana Maria Friz und ein Enkel des Juristen. Die Ergebnisse dieser zum Teil sehr familiär orientierten Nachforschungen zeigten jedoch einmal mehr, wie viele Korrespondenzen und Bilddokumente durch NS-Zeit und Kriegseinwirkungen unwiederbringlich verloren gegangen sind. Nur das Stadtarchiv München verfügt noch über Wohnungs- und Status-Nachweise, die Anton Löffelmeier, wie schon bei den Forschungen für unsere Hedwig-Pringsheim-Biographie, den Autoren zugänglich machte. Im Übrigen konnten wir auf die Darstellung von Dora Heinze in ihrem Buch über das Schlosshotel im Grunewald zurückgreifen.

Zum Schluss unserer auf Argentinien bezogenen Recherchen sei noch dankbar angemerkt, dass neben Juan Delius und Julia Knobloch auch Ditta Kloth bei den für uns mangels Spanischkenntnissen unabdingbaren Übersetzungen der einschlägigen Dokumente geholfen hat.

Was deutsche Archive angeht, so gebührt Alice Uebe von der Stiftung Stadtmuseum Berlin Dank, die aufgrund ihrer guten Kenntnis der Kulturszene um 1900 auch dieses Mal wieder ein paar passende Mosaiksteinchen fand und durch schnelle Auskünfte über die in Berlin beheimateten Personen unserer Geschichte dazu beitrug, das Puzzle zu komplettieren. Gleichfalls in Berlin, vor allem aber in München half Bettina Oberhauser beim Bibliographieren abgelegener Publikationen und suchte erfolgreich nach Erik Pringsheims Essay über den Fasching in Buenos Aires sowie in den *Münchner Neuesten Nachrichten* nach der Todesanzeige. Eine Mikroverfilmung der für unseren Zeitraum relevanten Ausgaben des *Argentinischen Tageblatts* erhielten wir von Herrn Fiebig aus den Beständen des Zeitungsarchivs der Staatsbibliothek in Berlin. Daniel Seger sah sie auf Nachrichten über Farmkauf und Tod von Erik Pringsheim durch. Dank an ihn auch für sein kompetentes und hilfreiches Mit- und Weiterdenken bei der zum Teil sehr schwierigen Beschaffung von relevanten Informationen, abgelegener Literatur und interessanten Biographien, die es möglich machten, unsere Geschichte in einen zeittypischen Zusammenhang zu stellen. Ohne ihrer aller Bemühungen wäre die Suche nach dem verlorenen Sohn vermutlich im Sande verlaufen.

Um die Spur des Studenten Erik Pringsheim zu

verfolgen, waren wir auf die Hilfe der Archive des Balliol College in Oxford, der Friedrich-Alexander-Universität Erlangen-Nürnberg und der Ludwig-Maximilians-Universität in München angewiesen. Für das Balliol College informierte uns Anna Sander; Clemens Wachter teilte die merkwürdigen Im- und Exmatrikulationsdaten aus Erlangen mit und half, den etwas ungewöhnlichen Vorgang zu bewerten, Ursula Lochner schließlich stellte die Disziplinarakte aus dem Frühjahr 1902 und den dazugehörigen, höchst interessanten Briefwechsel zwischen dem Rektor, Lujo Brentano, und dem Vater des Delinquenten, Alfred Pringsheim, zur Verfügung. Ihnen allen danke ich für die schnellen und präzisen Auskünfte, mittels deren wir unsere Geschichte auf einem zuverlässigen Fundament entwickeln konnten.

Ein besonderer Dank gilt dem Stadtarchiv Ulm, wo die Unterlagen des Krematoriums erhalten geblieben sind. Der Archivleiter, Ulrich Seemüller, überließ mir Kopien der relevanten Einträge, denen wir nicht nur das genaue Todes- und Verbrennungsdatum, sondern auch Eriks offizielle Berufsangabe: Farmer, sowie den Namen der argentinischen Estancia entnehmen konnten, den zu erfahren ich mich bis dahin vergeblich bemüht hatte: Virorco. Diesen Ort galt es also zu finden.

Zunächst einmal aber hatte Herr Seemüller in seinem Brief auch die Frage beantwortet, wieso ein Leichnam in Ulm verbrannt und in München beerdigt wurde. Der Grund war ebenso profan wie kulturgeschichtlich interessant. Der Ulmer Archivdirektor schrieb, dass das dortige Krematorium 1909 erst wenige Jahre alt und sehr modern ausgestattet gewesen sei. Die Friedhofsverwaltung habe – in dem Bemühen, die teuren Investitionen durch gute Auslastung zu amortisieren – sehr günstige Preise für eine Feuerbestattung angeboten, sodass «in den ersten beiden Jahrzehnten des 20. Jahrhunderts, insbesondere auch aus München, ein regelrechter ‹Einäscherungstourismus› stattfand».

Als unsere Recherche zu gut zwei Dritteln gediehen war, erfuhren wir durch die Presse, dass zusammen mit einigen verschollen geglaubten Stücken aus dem Nachlass der Familie Mann in Kilchberg auch die bis dahin als verloren klassifizierten Tagebücher der Hedwig Pringsheim von 1885 bis 1909 und von 1917 bis 1938 wieder aufgetaucht seien und für eine umfassende Edition bearbeitet würden. Auch der Name der zukünftigen Herausgeberin wurde mir genannt. Nach langem Zögern und einer Beratung mit Frido Mann, dem Rowohlt Verlag und dem Zürcher Archiv entschloss ich mich, die Kollegin zu bitten, mir Einsicht in die Aufzeichnungen der für unsere Publikation relevanten Jahre 1905–1909 zu gewähren, um die bisherigen Ergebnisse anhand der authentischen Materialien überprüfen und gegebenenfalls ergänzen zu können. Die Bitte war nicht umsonst gewesen. Ich erhielt postwendend Kopien der für die Namen Erik und Mary in dem relevanten Zeitraum bereits erstellten Computerausdrucke sowie umfassende Antworten auf alle von mir gestellten Fragen, sodass die Leser des vorliegenden Buches sicher sein dürfen, dass ihnen keine der derzeit bekannten Tatsachen vorenthalten wurde. Außerdem können sie das Bändchen in dem beruhigenden Gefühl zuklappen, dass sie in einigen Jahren Gelegenheit haben werden, sich noch einmal umfassend mit dem Schicksal unserer Protagonistin zu beschäftigen. Die Autoren danken Cristina Herbst herzlich für ihre Großzügigkeit.

Die Idee zu vorliegendem Buch entstand auf der Höhe von Ahrensburg während einer Autofahrt mit Uwe Naumann nach Husum, wo wir aus der Hedwig-Pringsheim-Biographie vorlesen sollten. Deshalb gilt zumindest der vorletzte Dank ihm, der nun schon zum dritten Mal unser Team mit seiner Fähigkeit zu geduldigem Zuhören, vernünftigem Rat, angemessenem Planen, substanzieller und

folglich hilfreicher Kritik und sensiblem Mutma-
chen begleitete.

Der letzte Dank gebührt unserem Sohn Tilman,
der auf den neuen Plan seiner Eltern mit spontaner
Zustimmung reagierte. Der verbannte Erik Pringsheim faszinierte ihn so sehr, dass er beschloss, seinen Spuren in Argentinien nachzugehen, unsere
Recherche «vor Ort» fortzusetzen und, vor allem,
Virorco zu suchen.

Tilman Jens' Bericht über seine Reise zu Erik
Pringsheims «Besitzung», wie die Eltern in der
Todesanzeige formulierten, haben wir in unseren
Text aufgenommen.

Tübingen, im Juli 2006   I. J.

Konsultierte Archive

Balliol College
  Oxford
  (Studienzeit in England)
CEMLA
  Centro de Estudios Migratorios
  Latinoamericanos
  Buenos Aires
  (Immigrationslisten)
Archiv des Auswärtigen Amtes, Berlin
  Ref. 117
  (Deutsche Schicksale im Ausland)
Bundesarchiv, Berlin
  Friedrich-Alexander-Universität
  Erlangen-Nürnberg
  (Immatrikulation und Examen Erik Pringsheims
  UAE A3/21No. 80 und UAE 3/7 No. 31)
Staatsarchiv Hamburg
  Link to your roots
  (Passagierlisten)
Bundesarchiv Koblenz
  (NL 81, Briefe Hedwig Pringsheims an
  Maximilian Harden)

Bayerisches Hauptstaatsarchiv, München
Kriegsarchiv
(Militärdienstzeit als Einjährig-Freiwilliger)
Ludwig-Maximilians-Universität, München
(Universitätsarchiv, Bestand UAM, D-XIV-29/
1898–2005, Bd. 213: Strafakte stud. jur. Erik
Pringsheim)
Stadtarchiv München
(Melde-Unterlagen Walter von Pannwitz
Sterbefall Erik Pringsheim)
Stadtarchiv der Stadt Ulm
(Bestattungsbuch 1909)
Thomas-Mann-Archiv, Zürich
(Reisetagebuch der Hedwig Pringsheim 1907/08)

Benutzte Literatur

Sozialgeschichtliche Untersuchungen

Bauer, Franz J., *Bürgerwege und Bürgerwelten*,
Göttingen 1991 (= Schriftenreihe der His-
torischen Kommission bei der Bayerischen
Akademie der Wissenschaften, Band 43)

Berghoff, Hartmut, *Zwischen Kleinstadt und Welt-
markt. Hohner und die Harmonika 1857–1961*,
2. Aufl. Paderborn 2006

Dittrich, Eckard, und Juliane Jacobi-Dittrich,
*Die Autobiographie als Quelle zur Sozialgeschichte
der Erziehung*, in: Dieter Backe und Theodor
Schulze (Hrsg.), *Aus Geschichte lernen*, München
1979, S. 99–119

Döcker, Ulrike, *Zur Konstruktion des ‹bürgerlichen
Menschen›*, in: Österreichische Zeitschrift für
Geschichtswissenschaften (ÖZG) Bd. 3, 1990,
S. 7–47

Eyck, Frank, *A diarist in fin-de-siècle Berlin and her
family*, in: Veröffentlichungen des LBI XXVIII,
S. 287–307

Klika, Dorle, *Erziehung und Sozialisation im Bürger-
tum des wilhelminischen Kaiserreichs*, Frankfurt
a. M. 1990

Kocka, Jürgen (Hrsg.), *Bürger und Bürgerlichkeit im 19. Jahrhundert*, Göttingen 1987

Soenius, Ulrich, *Wirtschaftsbürgertum im 19. und frühen 20. Jahrhundert. Die Familie Scheidt in Kettwig*, Köln 2000

Ziegler, Dieter (Hrsg.), *Die wirtschaftsbürgerliche Elite in Deutschland im 20. Jahrhundert*, Göttingen 2000

Monographien und Biographien

Fürstenberg, Carl, *Lebensgeschichte eines deutschen Bankiers 1870–1914*, Berlin 1931

Heinze, Dora, *Das Schlosshotel im Grunewald. Geschichte eines Adelspalais*, Berlin 1997

Straub, Eberhard, *Albert Ballin. Der Reeder des Kaisers*, Berlin 2002

Wiborg, Susanne, *Albert Ballin*, Hamburg o. J. (= Hamburger Köpfe, hrsg. von der ZEIT-Stiftung)

Argentinien

Alemann, M., *Am Rio Negro. Ein Zukunftsgebiet germanischer Niederlassung. Drei Reisen nach dem argentinischen Rio Negro-Territorium. Ein Führer*

für Ansiedler, Unternehmer und Kapitalisten,
Berlin 1907

Alemann, M., *Argentiniens Bedeutung für Handel,
Kapitalanlagen und Niederlassung*, Vortrag, gehalten in der Kaufmännischen Gesellschaft in Basel
am 28. März 1908, Basel 1908

Backhaus, Prof. Dr., *Welche Aussichten bieten sich
den Deutschen in Südamerika?*, Berlin o. J. (1911)

Bernecker, Walther L., und Thomas Fischer,
Deutsche in Lateinamerika, in: Klaus J. Bade,
*Deutsche im Ausland – Fremde in Deutschland.
Migration in Geschichte und Gegenwart*,
München 1992, S. 197–214

Fröschle, Hartmut (Hrsg.), *Die Deutschen in
Lateinamerika. Schicksal und Leistung*,
Tübingen–Basel 1979

Greger, José M., *100 Briefe von und nach Argentinien. Berater für deutsche Einwanderer nach
Argentinien*, Buenos Aires 1920

Hiller, Georg, *Einwanderung und Kolonisation in
Argentinien*, Berlin 1912

Lütge, Wilhelm, Werner Hoffmann und Karl
Wilhelm Körner, *Geschichte des Deutschtums
in Argentinien*, hrsg. vom Deutschen Klub in
Buenos Aires zur Feier seines 100-jährigen
Bestehens, 18. Oktober 1955

Newton, Ronald C., *German Buenos Aires 1900–
1933*, Austin–London 1977

Rethmar, L. H. (Hrsg.), *Wegweiser für Auswanderer
nach Argentinien*, Flöha (Sachsen) o. J.

Schuster, Adolf N., *Argentinien. Land, Volk,
Wirtschaftsleben und Kolonisation*, Diessen
vor München 1913

Verein zur Förderung germanischer Einwanderung (Hrsg.), *Argentinien als Ziel für germanische
Auswanderung*, Buenos Aires 1906

Von der Goltz, C. Dr. Freiherr, *Reiseeindrücke aus
Argentinien*, Berlin 1911

Familien Pringsheim – Mann

Jens, Inge und Walter, *Frau Thomas Mann. Das
Leben der Katharina Pringsheim*, Reinbek bei
Hamburg 2003

Jens, Inge und Walter, *Katias Mutter. Das außer-
ordentliche Leben der Hedwig Pringsheim*,
Reinbek bei Hamburg 2005

Mann, Golo, *Erinnerungen und Gedanken. Eine
Jugend in Deutschland*, Frankfurt a. M. 1986,
bes. S. 82–85

Mann, Katia, *Meine ungeschriebenen Memoiren*,
Frankfurt a. M. 1974

Mann, Klaus, *The Turning Point. Thirty-five Years in this Century*, New York 1942

Mann, Klaus, *Der Wendepunkt. Ein Lebensbericht*, Reinbek bei Hamburg, bes. S. 51–57

Mann, Thomas, *Tagebücher 1918–1921*, hrsg. von Peter de Mendelssohn, Frankfurt a. M. 1979

Mendelssohn, Peter de, *Der Zauberer. Das Leben des deutschen Schriftstellers Thomas Mann*, Neuausgabe in 3 Bänden Frankfurt a. M. 1996

Wiedemann, Hans-Rudolf, *Thomas Manns Schwiegermutter erzählt. Lebendige Briefe aus großbürgerlichem Hause*, Lübeck 1985

Wysling, Hans, *Thomas Manns Pläne zur Fortsetzung des «Krull»*, in: Thomas-Mann-Studien, hrsg. vom Thomas-Mann-Archiv der Eidgenössisch-Technischen Hochschule in Zürich, Dritter Band, München – Bern 1974, S. 149–166

Wysling, Hans, *Narzissmus und illusionäre Existenzform. Zu den Bekenntnissen des Hochstaplers Felix Krull*, in: Thomas-Mann-Studien, hrsg. vom Thomas-Mann-Archiv der Eidgenössisch-Technischen Hochschule in Zürich, Fünfter Band, Bern – München 1982, bes. S. 430–444

Zeitungen

Der Tag, Berlin, 20. April 1906 (darin Erik Prings-
   heims Artikel über den Karneval in Buenos
   Aires)
La Reforma, San Luis, 23. Januar 1909 (Nachruf auf
   Erik Pringsheim)
Münchner Neueste Nachrichten, 24. Januar 1909
   (Todesanzeige Erik Pringsheim)
Argentinisches Tageblatt, Buenos Aires, April 1908,
   Januar 1909 (Hochzeit und Tod von Erik Prings-
   heim)

Quellennachweis der Abbildungen

Nachwort
zur Taschenbuch-Ausgabe

Ungefähr ein halbes Jahr nach Erscheinen der Hardcover-Ausgabe dieses Buches erreichte die Autoren eine alarmierende Nachricht: Eine Leserin teilte mit, sie habe seinerzeit auf Bitten von Frau Ingrid Beck-Mann, der Schwiegertochter Golo Manns, Briefe und Tagebücher Hedwig Pringsheims, u. a. auch aus der Zeit unserer Geschichte, für eine von der Familie offenbar erwogene Edition transkribiert. Während die Originale nach dem Abschluss der schwierigen und aufwendigen Arbeit umgehend an die Eigentümerin zurückgegangen seien, habe sich niemand mehr für die Übertragungen interessiert. Der Kontakt zur Familie sei – vermutlich aus Krankheitsgründen – abgebrochen. Erst unser Buch habe sie wieder an die ungehobenen Schätze auf ihrem Computer erinnert, die sie uns, wenn wir es wünschten, gern zur Kenntnis bringen würde.

Ich war ebenso elektrisiert wie schockiert: Was wäre, wenn diese uns bisher unbekannten Materialien ein ganz anderes Bild der Vorgänge in Argentinien zeichnen würden als das, was wir in unserem Buch entworfen hatten? – Nun, ich hatte

Glück. Die neu zugänglichen Dokumente – vor allem Hedwigs Tagebücher und die fast vollständige Korrespondenz zwischen den Eltern Pringsheim und ihrer Schwiegertochter Mary – stellten die Ergebnisse unserer detektivischen Bemühungen nicht in Frage. Wohl aber machten sie es möglich, die Situation in Virorco und die Zuspitzung der Lage in den Tagen vor Eriks Tod wesentlich genauer und, was die Ursachen der Katastrophe betraf, differenzierter zu erfassen. Erik Pringsheim – das darf jetzt als erwiesen gelten – starb durch Gift, das er ohne Manipulation durch Dritte und bei vollem Bewusstsein eingenommen hatte.

Ob diese Tat als Suizid oder nur als Hilferuf zu verstehen war, muss jeder Leser selbst entscheiden: Die Dokumente – differenzierte, in den Details nicht unwesentlich voneinander abweichende Berichte über Eriks Sterben – sind in jenem Teil der Erzählung wiedergegeben, den ich für die Taschenbuchausgabe neu geschrieben habe. Er umfasst in etwa die Seiten 55–77.

Dort findet der Leser auch Auszüge aus den zwei einzigen erhaltenen Briefen, die Maria Barska noch vor ihrer Eheschließung an Erik Pringsheim schrieb. Sie enthalten – neben einigen Hinweisen auf Marys später von ihrer Schwiegermutter so oft angeführtes «Vorleben» – Details, die vorsichtige Schlüsse auf das Verhältnis zu ihrem späteren Ehemann erlauben und zudem einige Schlaglichter auf ihre Bemühungen werfen, sich durch einen untadeligen Ruf Anerkennung in der europäischen Gesellschaft von Buenos Aires zu erwerben.

Gewiss, eine restlose Aufklärung aller für die dramatischen Vorgänge relevanten Motive, die lückenlose Rekonstruktion des zeitlichen Ablaufs der Ereignisse ist auch nach der Lektüre der neuen Dokumente nicht möglich. Dennoch: Die Transkriptionen von Waltraud Holtz-Honig erlauben interessante Variationen und weiterführende Vermutungen, die mich gereizt haben, Eriks Geschichte für die Taschenbuch-Ausgabe mit zum Teil anderen Akzenten und bisher unbekannten Materialien neu zu erzählen. Ich danke Waltraud Holtz-Honig für ihr nobles Angebot und alle selbstlose Hilfe; ich danke Uwe Naumann für Ermutigung und Kooperation und dem Rowohlt Verlag, dass er sich auf mein etwas ungewöhnliches Vorhaben eingelassen hat.

Tübingen, 15. Februar 2008   Inge Jens

Die Autoren

INGE JENS, geb. 1927. Studium der Germanistik, Anglistik und Pädagogik; Promotion 1953 mit einer Arbeit über «Die expressionistische Novelle». Mitarbeit an zahlreichen kulturhistorischen Forschungsprojekten; Editorin der Tagebücher Thomas Manns. 2009 veröffentlichte sie ihre «Unvollständigen Erinnerungen».

WALTER JENS, geb. 1923, Studium der Klassischen Philologie und Germanistik; Promotion 1944, Habilitation 1949. Von 1962 bis 1989 Inhaber des Lehrstuhls für Klassische Philologie und Allgemeine Rhetorik an der Universität Tübingen.

Inge und Walter Jens sind seit 1951 verheiratet und leben in Tübingen. Sie schrieben zusammen die Bestseller «Frau Thomas Mann» (2003) und «Katias Mutter» (2005).

Inge und Walter Jens im Rowohlt Verlag

FRAU THOMAS MANN
Das Leben der Katharina Pringsheim

*«Ein Lichtblick ist die Katia Mann-Biographie von Inge
und Walter Jens, die sorgfältig erforscht, was diese
Frau als selbstbewusste Chefin der Firma Thomas
Mann für die Weltliteratur geleistet hat.»*
(Frido Mann in der Welt am Sonntag)

ISBN 978 3 498 03338 5;
als Taschenbuch: rororo 23664 und
rororo Großdruck 33217

KATIAS MUTTER
Das außergewöhnliche Leben der Hedwig Pringsheim

Inge und Walter Jens erzählen zum ersten Mal
das Leben der Schwiegermutter Thomas Manns,
die durch Lebensklugheit und Witz schon ihre
Zeitgenossen faszinierte.

ISBN 978 3 498 03337 8;
als Taschenbuch: rororo 61460 und
rororo Großdruck 33246

EINE DEUTSCHE UNIVERSITÄT
500 Jahre Tübinger Gelehrtenrepublik

Die Geschichte der Universität Tübingen, die
wie keine zweite das deutsche Geistesleben
geprägt hat. Eine exemplarisch-plastische
Biographie, die sich vielfältiger, widersprüchlicher,
spannender nicht denken lässt.

rororo 61690

Inge Jens

UNVOLLSTÄNDIGE ERINNERUNGEN

Sie erntete Ruhm als Editorin von Tagebüchern und Briefwechseln und wurde mit ihren Biographien über Katia Mann und Hedwig Pringsheim zur Bestsellerautorin. Von ihrem eigenen Leben hat Inge Jens meist wenig Aufhebens gemacht. In diesem Buch erzählt sie zum ersten Mal ausführlich darüber: von Kindheit und Jugend in Hamburg; von Studium und Familiengründung in Tübingen; dem Leben an der Seite eines berühmten, vielgefragten Mannes; dem schwierigen Spagat zwischen ihrer Rolle als Mutter und den eigenen beruflichen Ambitionen. Und sie berichtet über Begegnungen mit Zeitgenossen wie Hans Mayer, Karola und Ernst Bloch, Golo Mann, Richard von Weizsäcker, Loriot und Carola Stern. Ein mutiges Buch – und eine große Frauenautobiographie.

ISBN 978 3 498 03233 3